Constitución
De la Antigüedad a nuestros días

Constitución. De la Antigüedad a nuestros días

Maurizio Fioravanti

Traducción de Manuel Martínez Neira

EDITORIAL TROTTA

COLECCIÓN ESTRUCTURAS Y PROCESOS
Serie Derecho

Consejo Asesor: Perfecto Andrés
 Joaquín Aparicio
 Antonio Baylos
 Juan-Ramón Capella
 Juan Terradillos

Primera edición: 2001
Primera reimpresión: 2007
Segunda reimpresión: 2011

Título original: Costituzione

© Editorial Trotta, S.A., 2001, 2007, 2011
Ferraz, 55. 28008 Madrid
Teléfono: 91 543 03 61
Fax: 91 543 14 88
E-mail: editorial@trotta.es
http://www.trotta.es

© Società editrice Il Mulino, Bologna, 1999

© Manuel Martínez Neira, 2001

Diseño
Joaquín Gallego

ISBN: 978-84-8164-434-0
Depósito Legal: S. 75-2011

Impresión
Safekat

CONTENIDO

Nota del traductor 9
Prólogo 11

1. LA CONSTITUCIÓN DE LOS ANTIGUOS 15
   1. *Politeía* y *res publica* 15

2. LA CONSTITUCIÓN MEDIEVAL 33
   1. Los caracteres generales 33
   2. Rey y tirano 39
   3. La supremacía de la comunidad política 45
   4. La constitución mixta 55

3. LA CONSTITUCIÓN DE LOS MODERNOS 71
   1. Soberanía contra constitución 71
   2. El constitucionalismo 85
   3. Las revoluciones 100
   4. Constitución contra soberanía 120
   5. Estado y constitución 132
   6. Democracia y constitución 142

Bibliografía 165
Índice onomástico 167

NOTA DEL TRADUCTOR

El original italiano se titula *Costituzione* y forma parte de una colección denominada *Lessico della politica* que publica la editorial Il Mulino. Como esta versión se publica —al menos por el momento— en solitario, se ha añadido un subtítulo —De la Antigüedad a nuestros días— para orientar mejor al lector sobre el contenido de la obra.

El autor utiliza con frecuencia a lo largo de la obra una terminología que puede decirse clásica en el lenguaje constitucional: *los antiguos* —para referirse a los griegos y romanos de la Antigüedad clásica— y *los modernos* —para referirse a los hombres y mujeres de la sociedad posmedieval occidental—. Sin embargo, dichos términos en castellano y con ese significado no son usados corrientemente, de ahí que haga esta pequeña advertencia.

Junto a las referencias de las obras de los protagonistas de esta historia he intentado facilitar, en su caso, la traducción de las mismas. Cuando de un título existen varias versiones he elegido la que entiendo más adecuada o, al menos, la más utilizada. Las traducciones al italiano se conservan cuando parecía oportuno, es decir, cuando no existe versión castellana o cuando el autor basa su discurso en unas páginas concretas de ellas.

Las observaciones de Adela Mora han mejorado mucho el estilo de esta traducción. Ascensión Elvira y Miguel Ángel Suárez han leído el manuscrito y han sugerido algunas correciones valiosas. Con Luis Javier Martín Valbuena he consultado la transcripción de los términos griegos. En fin, el editor Alejandro Sierra y el autor Maurizio Fioravanti han seguido con interés todas estas tareas.

PRÓLOGO

No resulta sencillo decir en pocas palabras a qué puede atenerse el lector de este volumen. Haciendo un esfuerzo de síntesis puede decirse que el libro ilustra una serie, históricamente definida, de doctrinas constitucionales, es decir, de doctrinas que en distintas épocas han tomado la constitución como objeto propio, entendida ésta como *ordenamiento general de las relaciones sociales y políticas.*

En este sentido, no hay duda de que las primeras doctrinas constitucionales, las más sobresalientes en ese tiempo, son las griegas del siglo IV a.e., de las que nos ocupamos al comienzo del ensayo. Así como no existe duda de que los numerosos siglos que forman la Edad Media han dado vida a una importante reflexión sobre la constitución. En este periodo, sobre la guía de la herencia de los antiguos, se distingue con claridad al rey del tirano, y se enuncian las doctrinas del derecho de resistencia, de las leyes fundamentales y de la supremacía de la comunidad política como conjunto compuesto de partes definidas, a la que está conexa la afirmación progresiva de la práctica representativa y la pugna por la definición de la ubicación constitucional de los parlamentos. En fin, bajo este perfil, en la Edad Moderna, que ocupa la mayor parte del ensayo, la reflexión sobre la constitución, sobre el ordenamiento general de las relaciones sociales y políticas, encuentra grandes novedades, antes desconocidas: los poderes soberanos, en líneas generales titulares exclusivos de los poderes de normación; las revoluciones y el poder constituyente; los derechos individuales, que precisamente por medio de la constitución se quieren garantizar; y, por último, los Estados nacionales y las democracias contemporáneas. Y es entonces cuando la doctrina constitucional se formaliza, en el sentido de que deviene disciplina que estudia la constitución como norma jurídica escrita, dotada de ciertos caracteres particulares.

Para nosotros, todas estas doctrinas no se desarrollan en el vacío. Sino que por su propia naturaleza están inclinadas a reflejar la singularidad de las relaciones sociales y políticas de su tiempo. Releer estas doctrinas significa por ello penetrar en el tejido vivo de la historia constitucional: desde la *polis* griega del siglo IV a.e., a través de los reinos, los territorios y las ciudades medievales, hasta los Estados nacionales y las democracias de los últimos siglos. En esta historia las doctrinas reclaman a las instituciones, a los poderes y al ordenamiento de las magistraturas, así como a las fuerzas sociales; y todo esto, a su vez, encuentra forma y representación precisamente a través de esas doctrinas.

Por este motivo, interesaba en primer lugar restituir cada doctrina constitucional a su tiempo histórico, rechazando todo intento de actualizar las doctrinas antiguas y medievales, o de encontrar en ellas las llamadas «raíces» del constitucionalismo moderno. En este sentido, nuestro ensayo, aunque ponga de relieve las conexiones —a veces incluso evidentes— existentes entre las diversas épocas, no intenta reconstruir fuertes relaciones de continuidad; y, por ello, no pretende narrar un suceso unitario, cuya historia pueda desarrollarse desde unos presuntos orígenes antiguos hasta los resultados actuales. Al contrario, el ensayo narra *una pluralidad de sucesos*, con el intento de restituir cada uno de ellos al significado que deriva de su pertenencia a un tiempo histórico preciso, con su propia originalidad y realidad específica.

En suma, para concluir nuestra advertencia al lector debemos decir que no encontrará aquí ninguna historia del constitucionalismo, desde sus presuntas «raíces» antiguas y medievales, hasta sus desarrollos y resultados modernos y contemporáneos. Para nosotros una historia de ese género nunca ha existido, en el sentido de que nunca ha existido *un* constitucionalismo, sino que han existido *varias* doctrinas de la constitución, con la intención, siempre recurrente, de representar en el plano teórico la existencia, o la necesidad, de una constitución, de un ordenamiento general de la sociedad y de sus poderes. Por este motivo, nuestro lector no encontrará en este ensayo la reconstrucción de una larga historia desarrollada de modo unívoco y por etapas obligadas, sino la exposición, más prudente y circunstanciada, de los nexos históricamente interpuestos entre las distintas épocas, de las rupturas y de las grandes discontinuidades, como también de las relaciones de continuidad efectivamente existentes. Pero sobre todo nuestro lector encontrará en el ensayo el intento de individuar *los caracteres constitucionales fundamentales de cada época*, y más en concreto el modo en que cada época, incluida la moderna, ha planteado en la teoría y en la práctica, de manera peculiar y original, el problema de la constitución, del ordenamiento general de las relaciones sociales y políticas.

Después, sobre esta base, cada lector valorará a su manera las conexiones que existen entre las distintas épocas, y sentirá como más o menos «actuales» las soluciones ofrecidas en épocas incluso muy lejanas a la nuestra. En este sentido, el ensayo está pensado como un «mapa», que indica los lugares notables, y las rutas posibles, dentro del complejo paisaje de la historia constitucional. Y como todo mapa, también nuestro ensayo se propone como un simple instrumento, que quiere ayudar al lector a viajar con libertad, estableciendo por sí mismo su propio itinerario preferido.

1

LA CONSTITUCIÓN DE LOS ANTIGUOS

1. *Politeía* y *res publica*

El mundo antiguo, como cualquier otra época histórica, ha tenido su propio modo, históricamente determinado, de expresar la necesidad de un cierto orden político. En pocas palabras: ha tenido su propia doctrina política, que manifiesta un razonamiento profundo sobre las condiciones indispensables para individuar y configurar un orden significativo en el plano colectivo, capaz de sostenerse y desarrollarse en el tiempo.

Como es conocido, esta doctrina política tiene su momento álgido sobre la mitad del siglo IV a.e., con las grandes figuras de Platón (428?-347 a.e.) y de Aristóteles (384?-323 a.e.). Es un tiempo de profunda crisis política del mundo clásico griego, caracterizado por profundas discordias y particularismos locales. Para los contemporáneos, en concreto, se trata de un tiempo de decadencia política provocada, sobre todo, por la transformación de la ciudad —la *polis*— de lugar de ejercicio de los derechos políticos de ciudadanía, de reconocimiento colectivo de una pertenencia política común, a lugar caracterizado preferentemente por la economía y el intercambio, de manera particular en relación con el cada vez más intenso tráfico comercial y marítimo. La *mercantilización* de la *polis*[1] produce también, con frecuencia de manera violenta, un cre-

---

1. Ésta es también la clave de lectura de Hermann Bengtson, *Griechische Geschichte. Von den Anfängen bis in die römische Kaiserzeit*, München, 1965; trad. cast. *Historia de Grecia. Desde los comienzos hasta la época imperial romana*, Madrid, 1986.

ciente conflicto entre pobres y ricos, en el que los primeros reivindican formas cada vez más amplias de asistencia pública y los segundos luchan por impedir que al problema de la indigencia se responda con medidas radicales, con la confiscación y redistribución de las tierras.

Es importante, por tanto, fijar este primer punto: este pensamiento político nace en una pesarosa fase de decadencia política, dirigido —como veremos enseguida— a relanzar un fuerte y creíble ideal colectivo, que sirva para superar las divisiones sociales. El temor que prevalece, del que parte toda esta reflexión, es el de la *stásis*, concepto fundamental con el que se indica una condición dentro de la cual el conflicto social y político, animado por un creciente espíritu de facción, cada vez más unido a la lucha entre pobres y ricos, tiende a asumir caracteres radicales, que hacen imposible su solución dentro de las estructuras políticas existentes y conocidas. El temor de la *stásis* lleva a reflexionar sobre las formas de organización y sobre los caracteres esenciales de aquellas estructuras, en un intento de promover su reforma y, así, dotarlas de una mayor capacidad de respuesta frente al conflicto: en definitiva, de salvar la unidad de la *polis*[2].

Al peligro indicado por el concepto clave de *stásis* es necesario contraponer un valor positivo, que se expresa a través de otro concepto clave, especulativo y opuesto, el de *eunomía*, el buen orden de la colectividad. En él se expresa el ideal, verdaderamente fuerte en el mundo clásico, de una resolución pacífica de los conflictos, de una convivencia ordenada y duradera, y, en definitiva, el problema de una *forma de gobierno* adecuada a esta finalidad.

Obviamente, para comprender el significado de esta búsqueda por parte de los antiguos de una forma de gobierno ideal, o de la mejor forma de gobierno posible, para mantener unida y desarrollar la comunidad política, es necesario —ahora más que nunca— liberarse de todo condicionamiento proveniente del constitucionalismo moderno. En efecto, como es conocido, los modernos han formalizado de manera extrema la problemática de la forma de gobierno, resolviéndola finalmente en una técnica de atribución de competencias, basada en el presupuesto de que la cuestión del go-

---

2. Sobre el concepto de *stásis*, pero también sobre otros conceptos clave a los que nos referiremos más adelante, consideramos esenciales: O. Murray, *La città greca*, Torino, 1993; los ensayos contenidos en S. Settis (dir.), *I greci. Storia, cultura, arte, società* I. *Noi e i greci*; II. *Una storia greca*, 1, *Formazione*, 2, *Definizione*, Torni, 1996-1997; y L. Bertelli, «Stásis: la "rivoluzione" dei greci»: *Teoria politica* 5/2-3 (1989), pp. 53 ss.

bierno se agota totalmente en el plano de las relaciones entre los poderes públicos —por ejemplo, en el positivismo decimonónico, entre los órganos del Estado—, tomados como distintos y separados de las fuerzas sociales, de los conflictos y de los equilibrios sociales[3].

Para acercarnos a la comprensión del mundo antiguo, necesitamos liberarnos de estas formalizaciones, de estas divisiones, características y peculiares de la Edad Moderna. En la búsqueda antigua de la forma de gobierno se expresa la necesidad de unidad y de equilibrio referida indivisiblemente a la sociedad y a sus poderes públicos. La forma de gobierno buscada no presupone por ello ninguna «soberanía», y menos aún un «Estado», se refiere simplemente a *un sistema de organización y de control* de los diversos componentes de la sociedad históricamente dada, construido para dar eficacia a las acciones colectivas y para consentir, así, un pacífico reconocimiento de la común pertenencia política[4].

Volvamos, por tanto, tras esta aclaración, a la doctrina política de la mitad del siglo IV. Al responder a las exigencias que antes hemos indicado, y en particular a la búsqueda de una forma de gobierno, no podía prescindir de la valoración —al mismo tiempo histórica y teórica— de la forma de gobierno que cerca de un siglo antes había caracterizado profundamente la experiencia política griega, especialmente la ateniense: era ciertamente, como sabemos, la *forma democrática*. En efecto, con Clístenes primero, y su reforma constitucional de 508-507, y con Pericles después, de 460 a 430, la ciudad de Atenas había adquirido una conformación desde el punto de vista político de carácter destacadamente democrático. En concreto, forma democrática de gobierno significaba: primacía absoluta de la asamblea de todos los ciudadanos atenienses para la asunción de las decisiones de relevancia colectiva; derecho de palabra y de propuesta dentro de la asamblea atribuido a todo ciudadano sin discriminación alguna; extracción por suerte de los cargos públicos y de las magistraturas, comprendidos los tribunales, de

---

3. Aunque, como veremos más adelante, el constitucionalismo moderno, en su fase inicial, pero también en el siglo XVIII, mantiene todavía abierta la relación entre los poderes públicos y las fuerzas sociales en la construcción de la forma de gobierno.

4. También sobre este punto, el mejor instrumento conceptual lo ofrece O. Murray, *La città greca*, cit., pp. 49 ss. En un plano distinto, son todavía útiles las lecciones universitarias de N. Bobbio, *La teoria delle forme di governo nella storia del pensiero politico*, Torino, 1976; trad. cast. *La teoría de las formas de gobierno en la historia del pensamiento político: año académico 1975-1976*, México, 1987. Véase también la amplia síntesis de S. E. Finer, *The History of Government*, Oxford, 1997.

nuevo sobre el presupuesto de una igualdad absoluta entre los ciudadanos, de tal manera que todos son considerados dignos de acceder incluso a los más altos cargos; alternancia anual de los gobernantes, que compromete en la responsabilidad de gobierno a la parte más tenaz posible de la ciudadanía; obligación de los mismos gobernantes de rendir cuentas públicamente. Todo esto se había desarrollado según el binomio *demokratía-isonomía*, situando así la organización de la política sobre un orden fundado en el principio primero de la igualdad[5].

Cerca de un siglo después era necesario preguntarse cómo había concluido esta experiencia política democrática, qué había dejado en herencia al siglo siguiente. Precisamente en este contexto se desarrolló la reflexión de Platón y de Aristóteles. Sobre todo, era necesario preguntarse si el ideal político democrático representaba ahora, hacia la mitad del siglo IV, en un tiempo de decadencia política, un ideal para recuperar y valorar de nuevo, o si más bien debía reconocerse en él el germen de esa misma decadencia. En fin, si el buen orden de la colectividad al que ahora se aspiraba debía ser de nuevo democrático o no y, en este último caso, cómo debía llamarse este nuevo orden. En definitiva, era necesario preguntarse si los conceptos de democracia y de igualdad, *demokratía* e *isonomía*, eran todavía actuales.

En este contexto de crisis y replanteamiento, de balance y valoración de los tiempos de la triunfante forma de gobierno democrático, toma cuerpo con firmeza un uso concreto del concepto de *politeía*, que los modernos traducen habitualmente en el sentido de *constitución*[6]. Se ha dicho muchas veces que esta traducción es en sí

---

5. Véase sobre esto D. Musti, *Demokratía. Origini di un'idea*, Bari, 1995; C. Ampolo, *La politica in Grecia*, Bari, 1997, pp. 58 ss.; W. Gonze, R. Koselleck, H. Maier, C. Meier y H. L. Reimann, «Demokratie», en *Geschichtliche Grundbegriffe*, Stuttgart, 1975. Véase también G. Camassa, «Le istituzioni politiche greche», en L. Firpo (ed.), *Storia delle idee politiche, economiche e sociali I. L'antichità classica*, Torino, 1982, pp. 3 ss., y K. W. Welwei, *Die griechische Polis*, Stuttgart-Berlin, 1983. Desde otro punto de vista, G. Schiavone (ed.), *La democrazia diretta. Un progetto politico per la società di giustizia*, Bari, 1997; y J. Ober, *The Athenian Revolution. Essays on Ancient Greek Democracy and Political Theory*, Princeton, 1996.

6. Véase J. Bordes, *Politeia dans la pensée grecque jusqu'a Aristote*, Paris, 1982, al que se añaden ahora las reflexiones de M. Dogliani, *Introduzione al diritto costituzionale*, Bologna, 1994, pp. 33 ss. Con alguna cautela, interesa la lectura de C. Meier, *Die Entstehung des Politischen bei den Griechen*, Frankfurt A. M., 1980. Más en general, véanse los ensayos contenidos en *Storia delle idee politiche, economiche e sociali* I, cit.; y también, como información, A. Demandt, *Der Idealstaat. Die politischen Theorien der Antike*, Köln-Weimar-Wien, 1993, y S. Gastaldi, *Storia del pensiero politico antico*, Roma-Bari, 1998.

problemática, en tanto que en las fuentes griegas *politeía* ha significado cosas diversas, unas veces interpretada desde un punto de vista subjetivo, del conjunto de los ciudadanos, otras desde el punto de vista objetivo, de la organización política, del conjunto de las magistraturas. Nosotros pensamos que es posible solucionar este dilema, que en realidad surge por querer que las fuentes antiguas se adecúen a las expectativas y a la cultura de los modernos.

Nosotros pensamos, en efecto, que las cosas son más simples de lo que cierta farragosa crítica historiográfica entiende. En pocas palabras, *politeía* no es más que el instrumento conceptual del que se sirve el pensamiento político del siglo IV para enuclear su problema fundamental: la búsqueda de una forma de gobierno adecuada al presente, tal que refuerce la unidad de la *polis*, amenazada y en crisis desde distintos frentes. En el ámbito de ese pensamiento, esta búsqueda tiene ahora una palabra que la anima, que le permite expresarse, que es precisamente *politeía*. Con ella se intenta subrayar la necesidad de penetrar en la *forma de la unión política*, de manera que tome lo que en el fondo caracteriza la *polis*, lo que la mantiene unida.

Como sabemos, la literatura política griega utilizó frecuentemente metáforas. Pues bien, la metáfora más apropiada para comprender nuestro problema es ciertamente la del coro, contenida en el tercer libro de la *Política* de Aristóteles[7]. El coro —dice Aristóteles— puede ser cómico o trágico, aun estando compuesto por los mismos elementos. Y, al contrario, continúa siendo cómico o trágico aun cambiando los elementos que lo componen. El coro es por ello algo más que el conjunto de los elementos que en cada ocasión lo componen. Continuando esta metáfora, su identidad más profunda radica en su repertorio y, sobre todo, en su estilo y manera de ejecución, es decir, en sus modos de organización interna que aplica a aquellos que lo componen en cada ocasión. Por ello, el conjunto de estos caracteres y de estas reglas es para Aristóteles la *forma de la unión*, que él llama *politeía*, con un significado que a nosotros también nos parece legítimo poder traducirlo por *constitución*.

La adquisición de este instrumento conceptual por parte del pensamiento político del siglo IV es de formidable relevancia. Es lo que permite a ese pensamiento dirigirse al pasado, a la experiencia política pretérita, principalmente a la democrática ateniense, para

---

7. Aristóteles, *Política*, III 3, 1276b 1-16. Sobre Aristóteles véanse en particular C. A. Viano, «Aristotele», en *Storia delle idee*, cit., pp. 291 ss., y G. Bien, *Die Grundlegung der politischen Philosophie bei Aristoteles*, Freiburg-München, 1973.

hacer la pregunta que más interesa: ¿la *politeía* democrática, la constitución y la forma de gobierno democrática, es todavía posible? Si no lo es, ¿qué otra *politeía*, qué otra constitución, necesitamos?

Como es conocido, la condena de la democracia por parte de Platón parece ser definitiva e irreversible. No se trata de una condena ideológica, sino de un juicio de carácter histórico-constitucional, fundado sobre el criterio antes enunciado que se compendia en el término-concepto de *politeía*, de constitución. En pocas palabras, el mayor error de la democracia es que se trata de un régimen *sin constitución*, sin una verdadera y estable forma de unión, o, mejor dicho, es una unión inestable y provisional por falta de forma. En ella existe una especie de «bazar de constituciones» precisamente porque no existe una constitución firme y reconocida. Como mucho se podrá decir, casi con ironía, que la constitución democrática es «agradable, anárquica y variada». Pero la verdad es que la democracia no es más que una condición política provisional, que inevitablemente prepara la tiranía, a través de la demagógica, excesiva e ilimitada extensión del principio de igualdad[8]. Pero esta condena, a su vez, es expresión de algo más, que caracteriza la experiencia política griega en el paso del siglo v al iv. En el fondo aparece el temor al conflicto, la aspiración a la estabilidad, a la adquisición de un criterio seguro de distinción entre «permanencia de la ley y transitoriedad de la política»[9].

Desde este punto de vista, se concilian distintos aspectos de la obra de Platón que con frecuencia han sido interpretados como claramente contradictorios. Así, cuando Platón exalta la «ciencia regia», que «no escribe leyes sino que provee como ley su arte» —exactamente como el capitán de la nave, que indica la ruta y pone a salvo la tripulación con su pericia, sólo en mínima parte guiada por reglas abstractas y totalmente preconstituidas—, no pretende de ninguna manera exaltar los poderes personales de mando, justificando así cualquier posible arbitrio o despotismo de los gobernantes, sino, por el contrario, pretende indicar una forma de gobierno ideal, capaz de dar respuestas adecuadas a las cuestiones para las que la ley a causa de su rigidez y de su abstracción resulta muda, como aquel hombre «autoritario e ignorante», que «no admite que ninguno le interrogue, ni siquiera en el caso en el que

---

8. Platón, *República*, VIII, 557a-558c, 562a-564a. Sobre Platón véase, en particular, M. Isnardi Parente, «Socrate e Platone», en *Storia delle idee*, cit., p. 127.

9. Así es eficazmente sintetizada esta fase por O. Murray, *La città greca*, cit., p. 127.

sobre cualquier objeto exista, por ejemplo, alguna novedad y mejora que vaya más allá de cuanto él mismo ordena»[10]. Pero cuando esta ideal forma de gobierno es imposible —y quizá lo es siempre, también para el propio Platón—, entonces es necesario acogerse a las leyes existentes, y entonces Platón es bien claro al afirmar la necesidad de que los mismos magistrados no puedan derogarlas[11]. Parece evidente que la «ciencia regia» o el llamado «gobierno de las leyes» no son otra cosa que fórmulas por las cuales se expresa la misma exigencia, que finalmente y siempre es la de una constitución estable, sólidamente fundada, puesta más allá de las transitorias formas de la política y, en particular, de la forma política por esencia más inestable, que es ciertamente la democrática.

Existe un último aspecto de la obra de Platón que confirma todo esto. Se trata del aspecto siempre decisivo que versa sobre la problemática del *origen de la constitución*. Para Platón, la constitución que ha tenido un origen violento está destinada a decaer enseguida. Es lo que sucedió, de nuevo, con la incierta constitución democrática, que desde el principio sólo fue *la constitución de los vencedores*, principalmente de los pobres, que inmediatamente después de conquistar el poder mataron a una parte de sus adversarios, es decir, de la minoría más rica y acomodada, desterraron a otros e hicieron «partícipes a los demás del gobierno y de las magistraturas»[12]. Pero esto no sólo sirve para la democracia: es válido para todos los casos en los que «los vencedores se adueñan de tal manera de la vida del Estado que no dejan ni la más pequeña parte de responsabilidad a los vencidos, ni a ellos ni a sus descendientes». En estos casos, lo que resulta «no son constituciones»[13].

Entonces, para aspirar a una verdadera constitución que represente auténticamente de manera estable la unidad política, lo que el mismo Platón llama «una buena constitución política»[14], es necesario plantear de manera distinta su origen. La máxima fundamental para ello puede formularse del siguiente modo: la constitución, a la que se debe tender, no es jamás la constitución de los vencedores, no puede y no debe tener un origen violento. Aquí, exactamente, se produce la extraordinaria invención del mito de la *patrios politeía**,

---

10. Platón, *Político*, 291d-297b.
11. Platón, *Leyes*, IV, 715a-d.
12. Platón, *República*, VIII, 557a.
13. Platón, *Leyes*, IV, 715a-b.
14. Platón, *Menéxeno*, 238c.
* Latinización documentada en Cicerón del término griego *patrōn politeía* y que ha tenido fortuna en la doctrina constitucional. (*N. del T.*)

de la constitución de los antepasados[15]. Esta constitución no tiene un origen violento ni unilateral, sino *compositivo y plural*. No nace de la imposición de un principio político vencedor, por ejemplo el democrático, sino de la pacífica y progresiva formación de una pluralidad de fuerzas y de tendencias. Es significativo cómo en este distinto contexto argumentativo Platón recupera la tan detestada democracia, ya que ahora ella es sólo *una* de las componentes de la constitución, llamada a conciliarse con las otras, regia y aristocrática. Aquí, dentro de la naciente fórmula, que tendrá gran fortuna, de la *constitución mixta*, se comienza a dar respuesta a la crisis, a la necesidad de seguridad y de estabilidad, a indicar la prospectiva constitucional de la conciliación.

Aristóteles retoma plenamente, en este sentido, la lección de su maestro, y hace más fuerte y claro el mito de la constitución de los padres, de la constitución originaria, enseguida traicionada, a la que era necesario volver con la finalidad de dar una respuesta adecuada a los problemas del presente, de salvar la unidad de la *polis*, refiriéndola a un firme fundamento constitucional. Ahora más que nunca, en Aristóteles la *politeía* no es sólo un instrumento conceptual para usar en sentido descriptivo y de clasificación: aspira por el contrario a prescribir un futuro político dotado de constitución. Lo que se quiere para el futuro es una política que pueda traducirse en *politeía*, en régimen constitucional establemente fundado.

Con esta finalidad, Aristóteles, antes aún de reivindicar la necesidad de una vuelta a la constitución de los padres, expresa la necesidad de extirpar el mal primero y originario que había corrompido la unidad de la *polis*, que ciertamente es el de la mercantilización de la vida pública, la división y el conflicto entre pobres y ricos. Ésta es la clave que domina la célebre clasificación aristotélica de las formas de gobierno. Para Aristóteles, todas las formas de gobierno son potencialmente justas y legítimas: la monarquía, la aristocracia —el gobierno de los pocos— y la democracia —el gobierno del pueblo—. Lo que no puede aceptarse es la degeneración de estas formas, que precisamente se produce siempre y sin excepción alguna en el sentido de la mercantilización, de su orientación hacia intereses particulares y determinados: los del rey, que se convierte así en tirano; los de la nobleza, que de tal manera se convierte en oligarquía o gobierno a favor de los ricos; los del pueblo, en el seno del régimen democrático[16].

---

15. Platón, *Leyes*, III, 693d-e, 698 b.
16. Aristóteles, *Política*, III 7, 1279a 22-42, 1279b1-11.

Contra estos peligros de degeneración, la primera tarea es la de revalorizar y relanzar el significado propiamente político, e incluso ético, de la convivencia civil, que no es sólo tráfico de riquezas o mera coincidencia de intereses económicos, sino también y sobre todo proyecto de perfeccionamiento moral, además de material: de aquí que la obra aristotélica recurra continuamente al gran tema de la virtud, de la ciudadanía activa[17]. Aristóteles sin embargo se da cuenta de que no es suficiente la peroración de carácter moral. Es necesario indicar una forma de gobierno, una constitución, dentro de la cual sea posible una respuesta estable y duradera. Es aquí cuando vuelve a primer plano la perspectiva de la constitución de los padres. Sobre todo en los primeros once párrafos de la *Constitución de los atenienses*, Aristóteles indica en la legislación de Solón, de 594-593, el momento en que esa constitución se hace evidente[18].

Solón representa de manera emblemática al antitirano, al fundador de la constitución de los padres, que para Aristóteles es seguramente la constitución por excelencia, aquella a la que prescriptivamente se debe tender. Solón fue ciertamente un gran legislador, pero sobre todo fue el árbitro del conflicto social entre pobres y ricos. A favor de los primeros promovió la liberación de las deudas más opresivas, pero a favor de los segundos negó la distribución general de las tierras como solución de la crisis. A través de la adopción de una serie de medidas de fuerte relevancia social e institucional, Solón creó una *constitución media* en la que todos podían reconocerse con la condición de moderar sus respectivas pretensiones. De esta manera evitó convertirse en tirano, al no ponerse a la cabeza de uno de los partidos enfrentados: tirano es precisamente aquel que divide la comunidad, es el rey o el legislador que traiciona a una parte de su pueblo, haciéndose cabeza de la

---

17. Véase, como ejemplo, Aristóteles, *Política*, III 9, 1280a-b. Sobre el concepto de virtud todavía se discute mucho, con alguna interpretación, forzada ideológicamente, entre antiguo y moderno: M. I. Finley, *Democracy Ancient and Modern*, New Brunswick, N. J., 1972; trad. cast. *Vieja y nueva democracia y otros ensayos*, Barcelona, 1980, y P. Vidal-Naquet, *La démocratie grecque vue d'ailleurs*, Paris, 1990; trad. cast. *La democracia griega, una nueva visión*, Madrid, 1992. Para la comprensión de la unidad política fundada sobre la virtud de los ciudadanos son de gran utilidad los epitafios atenienses por los caídos en batalla: F. Ingravalle (ed.), *Morire per la libertà. Gli epitaffi ateniesi fra V e IV secolo a. C.*, Torino, 1996.

18. Para los instrumentos críticos indispensables, véanse C. A. Viano (ed.), *Politica e costituzione di Atene*, Torino, 1955; y más reciente J. Emerson (ed.), *The Politics and the Constitution of Athens*, Cambridge, 1996. Sobre Solón, en particular, véanse H. Bengtson, *Griechische Geschichte*, cit., y O. Murray, *Early Greece*, London, 1980.

facción contraria[19]. Si esto hubiera sucedido, la constitución nacida en ese contexto no poseería la virtud del punto medio. Por el contrario, habría sido una constitución inestable, por estar escrita según el exclusivo interés de los vencedores, y bien pronto habría degenerado en una oligarquía o en una democracia extrema.

No es necesario seguir a Aristóteles en la narración de los sucesivos sucesos constitucionales atenienses. Lo que importa es saber que el juicio de Aristóteles sobre la democracia ateniense, la de Clístenes y Pericles, está fundado completamente sobre el criterio —conocido por nosotros— de la constitución de los padres como modelo positivo de constitución media. El error de la democracia fue el de apartarse cada vez más de aquel modelo, el de romper el equilibrio. Al apelar a la igualdad absoluta, la democracia ateniense enfermó de demagogia, y terminó por expresar una constitución parcial e inestable, que inevitablemente la llevó, en fin, a la tiranía[20].

En su obra de carácter más claramente teórico Aristóteles reformula de manera aún más clara este ideal constitucional del punto medio y del equilibrio[21]. Llama *politia** a la particular forma constitucional que es capaz de promover y realizar el justo equilibrio entre dos extremos, en sí negativos, como la oligarquía y la democracia, pero que encontrándose y mediándose producen precisamente la *politia*, la constitución ideal. Se trata de una constitución que repudia el método democrático de la extracción por suerte de los cargos públicos, pero también aquel electivo censitario propio de las oligarquías: a los cargos públicos se accede entonces con el método aristocrático de la elección de los mejores, pero sobre la base de requisitos de censo muy bajos, de carácter democrático.

Pero todo esto no puede ser el resultado de una obra de simple reorganización de las magistraturas y de las reglas de procedimiento; sólo es posible si se consigue que esas mismas instituciones estén sostenidas por una fuerte y amplia «clase media», es decir, por un amplio grupo de ciudadanos poseedores de «propiedades medias», ni

---

19. Aristóteles, *Constitución de los atenienses*, XI. Interesan sobre ello las reflexiones de G. Giorgini, *La città e il tiranno. Il concetto di tirannide nella Grecia del VII-IV secolo a. C.*, Milano, 1993.
20. Aristóteles, *Constitución de los atenienses*, XXXV y XLI, en particular para la valoración de Aristóteles sobre el régimen de los Treinta Tiranos, del 404-403, y sobre las continuas oscilaciones entre democracia y tiranía.
21. Aristóteles, *Política*, IV 8-13, 1293b-1297b: es la parte de la *Política* más claramente dirigida a la construcción teórica del modelo ideal de constitución.
* Latinización documentada en Cicerón (*De divinatione* 1.60) del término griego *politeía* y que ha tenido fortuna en la doctrina constitucional. (*N. del T.*)

demasiado grandes, ni demasiado pequeñas, que constituyen así un potente elemento de moderación en el conflicto social. En efecto, aquellos que pertenecen a la clase media —dice Aristóteles— no envidian las riquezas ajenas, porque no son pobres, poseen cuanto basta para llevar una vida independiente y acomodada; pero tampoco son objeto de envidia social, porque no son demasiado ricos, de manera excesiva y desmesurada. Sólo en tal contexto social son posibles las «constituciones medias», que son las formas «estables» por excelencia, precisamente porque «donde la clase media es numerosa, no se producen facciones ni disidencias entre los ciudadanos»[22].

Con esto estamos quizás en grado de llegar a una primera conclusión provisional. En el siglo IV, con Platón y Aristóteles, nace una reflexión sobre la política que está seguramente animada por fuertes ideales constitucionales. Sobre la presencia de tales ideales no parece haber ninguna duda. Tanto Platón como Aristóteles, especialmente el segundo, contraponen con claridad el régimen político que nace de una instauración violenta, y que como tal termina inevitablemente por degenerar en la tiranía, al régimen político que —por el contrario— está establemente dotado de constitución, porque desde sus orígenes es fruto de una composición paritaria y razonable de las tendencias y de los intereses presentes en la sociedad. Aristóteles da finalmente un nombre a este régimen, el de *politia*. Sobre esta base empieza a tomar forma *la constitución de los antiguos*, a la que también contribuirán de manera relevante los romanos, en gran medida como continuación de los griegos. El término de inflexión entre unos y otros está seguramente en la obra del historiador griego Polibio (208?-126?), en el siglo II a.e., en el momento en que Grecia se ve sometida por la potencia creciente de Roma.

En el célebre libro sexto de sus *Historias* Polibio retoma los grandes temas afrontados por el pensamiento político del siglo IV, pero —como enseguida veremos— transformándolos radicalmente[23]. Lo que permanece de la reflexión precedente es seguramente la gran problemática de la decadencia política, ocasionada por la corrupción moral de los gobernantes, sobre todo por el «frenesí del dinero y de la ganancia injusta», pero también por la «muchedumbre ansiosa de honores»[24]. Junto con ello, también está bien presen-

---

22. Aristóteles, *Política*, IV 11, 1296a-b y IV 12, 1297a 8-15.
23. Una óptima edición es la francesa: Polybius, *Histoires. Livre VI*, Paris, 1977; en castellano la mejor es la incluida en la Biblioteca Clásica Gredos: Polibio, *Historias. Libros V-XV*, Madrid, 1983. Sobre Polibio véase D. Musti, «Polibio», en *Storia delle idee*, cit., pp. 609 ss.
24. Polibio, *Historias*, VI, 4.

te la búsqueda de la «mejor constitución», que es de nuevo la *politeía*, como modelo de ideal equilibrio y mediación entre monarquía, aristocracia y democracia[25].

Pero hay algo nuevo, que empieza a aparecer en el siguiente pasaje: «toda forma de gobierno simple y fundada sobre un solo centro de poder es inestable»[26]. En apariencia, se trata de la defensa, ya conocida, a favor de la constitución mixta. Sin embargo, hay algo nuevo. El acento principal ya no cae, como en Aristóteles, sobre las articulaciones de la sociedad, sobre los pobres y sobre los ricos, sino sobre los «centros de poder», sobre el ordenamiento de los poderes y de las magistraturas. Este último perfil también estaba bien presente en el pensamiento político del siglo IV, pero *siempre y sólo* en el contexto de una visión de conjunto construida sobre la cuestión de los equilibrios sociales. Una reflexión sobre la mejor constitución que no se resolviese inmediatamente en una teoría del equilibrio social habría parecido, al mismo Aristóteles, ciertamente, abstracta e inadmisible. Con Polibio, por el contrario, comienza a ser posible un discurso sobre la constitución mixta que se traduce esencialmente en una teoría de las magistraturas y del equilibrio entre los poderes.

Tenemos así otro pasaje de Polibio que, sencillamente, hubiera sido inconcebible para Aristóteles: si la constitución puede «durar mucho» es sobre todo gracias a la «constante aplicación del principio de contraposición», gracias al hecho de que «cada poder» esté «bien equilibrado y contrapesado»[27]. El pensamiento se va naturalmente a la constitución romana, y al tan repetido equilibrio entre los cónsules, la componente regia, el Senado, la componente aristocrática, y, en fin, el pueblo, con sus asambleas, como expresión de la componente democrática[28]. En esta constitución Polibio veía realizado efectivamente y de manera excelente el benéfico «principio de contraposición»: la asamblea popular, en líneas generales titular del poder de deliberación sobre las leyes, tendría que tener en cuenta, en el ejercicio de tal poder, la existencia de vastas competencias reservadas al Senado en materia financiera, de política exterior, de elección de la mayor parte de los jueces, e, incluso, la existencia del fuerte y distinto poder de los cónsules, que en vía prioritaria convocaban las asambleas, ponían en ejecución las deliberaciones y, en fin, algo ciertamente relevante, eran comandantes militares. Y, según Polibio, esto

---

25. *Ibid.*, VI, 3, 7.
26. *Ibid.*, VI, 10, 2.
27. *Ibid.*, VI, 10, 6-14.
28. *Ibid.*, VI, 11-18.

era así en todas las direcciones posibles, produciendo la limitación de cada uno de los tres poderes por parte de los otros dos.

Se trata, respecto a la teoría política del siglo IV, de un claro cambio de plano, de no pequeña importancia[29]. Lo que cambia es el hecho de que ahora la llamada a la moderación y al equilibrio tiende a resolverse esencialmente en un mecanismo productivo de limitaciones de los poderes, y parece no referirse ya a los ciudadanos: lo que habría sido inconcebible para la teoría del tiempo de Aristóteles, que predicaba la exigencia de la constitución mixta sobre todo frente a los ciudadanos, llamándolos continuamente al ejercicio de las virtudes cívicas, a la disciplina de los egoísmos y del pernicioso espíritu de facción, a ser conscientes del significado profundo, incluso ético, de la convivencia civil. En definitiva, la teoría de la constitución mixta que se entrevé en las páginas de Polibio ya no es una teoría de la *disciplina social,* y deviene exclusivamente una teoría de la *disciplina del poder,* propugnando su limitación: la única moralidad cuya falta se teme y se pone en duda es la de los gobernantes.

Sin embargo, el modelo aristotélico de la constitución óptima no estaba destinado a agotarse tan rápidamente. Apareció de nuevo, puntualmente, cuando se trató de buscar una respuesta adecuada a la crisis de la república romana, cuando el mero equilibrio de los poderes incardinados en la constitución romana, más o menos correspondiente al previsto por Polibio, parecía no ser ya autosuficiente, y se advirtió entonces la necesidad de retornar a una reflexión política de inspiración griega, volcada directamente —en los términos que veremos— a invocar el ejercicio de las virtudes cívicas. El intérprete de todo esto fue Marco Tulio Cicerón (106-43 a.e.), que entre los años 55 y 51 a.e. compuso sus dos grandes obras políticas: *De re publica* y *De legibus.*

En un contexto de guerra civil ya declarada y efectiva, provocada bien por la lucha por el poder, bien por un verdadero y propio conflicto social entre patriciado y plebe, Cicerón exige con fuerza la conciliación, la concordia, la superación de los dos extremos en lucha: de la cerrazón oligárquica pero también de los exceso populares y ultrademocráticos[30]. Ésta es la realidad que siempre debe-

---

29. Que por ello ha sido señalado por todos los investigadores sobre el tema: K. von Fritz, *The Theory of the Mixed Constitution in Antiquity. A Critical Analysis of Polibius' Political Ideas,* New York, 1954; G. J. D. Aalders, *Die Theorie der gemischten Verfassung in Alterthum,* Amsterdam, 1968; y W. Nippel, *Mischverfassungstheorie und Verfassungsrealität in Antike und Früher Neuzeit,* Stuttgart, 1980.

30. Sobre ello, sigue siendo fundamental E. Lepore, *Il princeps ciceroniano e gli ideali politici della tarda repubblica,* Napoli, 1954; de quien interesa también «Il

mos tener presente cuando nos encontramos con la conocida definición ciceroniana, tan abstracta y formalizada en apariencia, de la *res publica* como *res* que es del pueblo; pero con una condición: que no sea considerado «pueblo toda multitud de individuos agregados de cualquier manera, sino sólo aquella que está reunida sobre la base de un consenso sobre el derecho y de una comunidad de intereses»[31].

Entonces, una *res publica* fuerte sólo es posible sobre la base de una unión que, bajo la guía del pensamiento político griego, no puede tener un origen unilateral y violento, sino pacífico y consensuado. En concreto, la dimensión del *consenso* reclama, en el vocabulario político de su época, la presencia de un empeño colectivo fuerte, duradero en el tiempo, no episódico[32]. Precisamente este empeño es la garantía del hecho de que la *res publica* no puede ser sometida a voluntades facciosas ni parciales: las del tirano o de la restringida clase aristocrática, pero tampoco la del pueblo, empujado por el siempre recurrente peligro de la demagogia. Pero esta *res publica*, para afirmarse y sostenerse en el tiempo, para evitar las tres clásicas degeneraciones, de la monarquía en tiranía, de la aristocracia en oligarquía, de la democracia en desorden —«ex rege dominus, ex optimatibus factio, ex populo turba et confusio»—, necesita de una particular *forma de unión*, que Cicerón llama mixta y moderada en varios puntos de su obra[33].

Esta forma, sólo una vez evocada de manera clara con la palabra *constitutio*, y más frecuentemente con la expresión *status civitatis*[34],

pensiero politico romano del I secolo», en *Storia di Roma* II. *L'Impero mediterraneo*, t. 1, *La Repubblica imperiale*, Torino, 1990, pp. 858 ss. Véanse también: C. Wirszubski, *Libertas as a Political Idea at Rome during the Late Republic and Early Principate*, Cambridge, 1950; M. Pani, *La politica in Roma antica*, Roma, 1997; A. Schiavone, *La storia spezzata. Roma antica e Occidente moderno*, Roma-Bari, 1996; G. Zecchini, *Il pensiero politico romano. Dall'età arcaica alla tarda antichità*, Roma, 1997; C. Carsana, *La teoria della «costituzione mista» nell'età imperiale romana*, Como, 1990; y J. L. Ferrari, «Le idee politiche a Roma nell'epoca repubblicana», en *Storia delle idee*, cit., pp. 723 ss.

31. Cicerón, *De re publica*, I, XXV. Las consideraciones más apropiadas sobre este célebre pasaje de Cicerón se encuentran para nosotros en W. Suerbaum, *Vom Antiken zum frühmittelalterlichen Staatsbegriff. Über Verwendung und Bedetung von Res Publica, Regnum, Imperium und Status von Cicero bis Jordanis*, Münster, 1961, pp. 3 ss. Véase también W. Mager, «Republik», en *Geschichtliche Grundbegriffe* V, Stuttgart, 1984, pp. 549 ss.

32. Véase J. Hellegouarc'h, *Le vocabulaire latin des relations et des partis politiques sous la République*, Paris, 1963, pp. 123 ss.

33. Cicerón, *De re publica*, I, XLV, pero también I, XXIX.

34. *Ibid.*, I, XLV, I, XLVI, II, I.

pero siempre en el sentido, ya tan preciso en la reflexión de los griegos, de la búsqueda de la forma de gobierno ideal, es llamada a realizar lo que el trabajoso tiempo de Cicerón reclamaba: estabilidad y equilibrio. Esto último, en particular, asume un relieve central en la reflexión de Cicerón mediante el concepto de *aequabilitas*[35], que no es otra cosa sino la proyección en el plano político de las virtudes de la equidad y de la moderación: las virtudes que ejercita un pueblo capaz de pararse, en la extensión de sus poderes, ante un cierto umbral, más allá del cual vuelve a ser mera y desordenada *multitud*; pero también una aristocracia capaz de no cerrarse en la defensa de sus privilegios, de no cruzar el límite más allá del cual se transforma en *factio*, en partido enemigo de la *res publica*[36]. En fin, lo que emerge con fuerza de la doctrina ciceroniana de la *res publica* es un gran proyecto de conciliación social y política, que llama a todas las fuerzas a disciplinarse, con el fin de hacer prevalecer en sus propias filas —sean las del pueblo o las de la aristocracia— la mejor parte y, también, los mejores hombres, los más íntegros moralmente, que además estén dotados de aquella posesión moderada y suficiente que les permita dedicarse de manera desinteresada al cuidado de la cosa pública[37].

Nos acercamos ahora a las conclusiones. La extraordinaria coincidencia de problemáticas, y también de soluciones, entre la reflexión política griega del siglo IV y la romana ciceroniana nos permite ahora individuar con cierta precisión los caracteres de la constitución de los antiguos. No ya, como es obvio, de la constitución que existió efectivamente, sino de aquella constitución que continuamente es invocada por los antiguos como *politeía* o como *res publica*, es decir, como criterio de orden y de medida de las arduas relaciones políticas y sociales de su tiempo. En este sentido, y sobre este plano, no hay duda de que existió una constitución de los antiguos. Tal constitución obviamente no tiene relación alguna con la constitución de los modernos. Los antiguos no tenían ninguna «soberanía» que limitar ni, sobre todo, habían pensado jamás en

---

35. *Ibid.*, I, XLV. Sobre el concepto de *aequabilitas* ya había llamado la atención con fuerza E. Lepore, *Il princeps ciceroniano*, cit., pp. 105 ss., 264 ss. Véase también M. Pani, *La politica*, cit., pp. 104 ss.
36. Para la descripción del punto más allá del cual el desmedido poder del pueblo destruye la *res publica*, véase Cicerón, *De re publica*, III, XXXIII. El tema de la ampliación de la aristocracia, sobre todo hacia las clases medias de las municipalidades italianas, es tratado por casi todos los ensayos citados antes en la nota 30.
37. Es el célebre *consensus omnium bonorum*, sobre el cual es de nuevo esencial E. Lepore, *Il pensiero politico romano*, cit., pp. 858 ss.

la constitución como norma, la norma que en el tiempo moderno sería llamada a separar los poderes y a garantizar los derechos[38]. Ellos pensaban más bien en la constitución como en una exigencia a satisfacer, como en un ideal —al mismo tiempo ético y político— a perseguir, que se hacía todavía más fuerte —como hemos visto— en las fases de crisis más intensa, de más clara separación política y social, como en el caso de la decadencia de la *polis* griega o de la misma república romana.

En esas fases la constitución de los antiguos fue precisándose, primero en el mundo griego y después en el romano, con caracteres cada vez más definidos, en los términos de *un gran proyecto de conciliación social y política*. Por esto, la constitución de los antiguos nunca fue la constitución de los vencedores, nunca fue unilateralmente instaurada y casi siempre se nutre del mito de la constitución de los padres, que reclama algo que por el contrario se ha formado en sentido compositivo, por la vía de la progresión y la adquisición razonable. Así es para la *patrios politeía* de los griegos, así es también para la *res publica* de Cicerón, formada «en el curso de algunas épocas»[39]. Por esto, todavía, es correcto decir que el principal enemigo de la constitución de los antiguos es el tirano, sobre todo porque tal es aquel que divide la comunidad, poniéndose a la cabeza de una de sus partes convertida en facción, sea la aristocrática o la popular, tal es aquel que rompe el equilibrio, que olvida la constitución de los padres, que fomenta la disidencia, poniéndose de tal manera contra la misma constitución, dentro de la cual está contenida la aspiración a la medida, al orden, a la pacificación. Por esto, finalmente, la constitución de los antiguos es también un gran proyecto de disciplina social y política, de las aspiraciones de todas las fuerzas agentes, que tienen continuamente

---

38. Disentimos por tanto de quien busca las llamadas «raíces» del constitucionalismo moderno en el antiguo, y en particular en el llamado «constitucionalismo romano»: véase por ejemplo C. H. McIlwain, *Constitutionalism Ancient and Modern*, New York, 1947; trad. cast. *Constitucionalismo antiguo y moderno*, Madrid, 1991. Sobre esto interesan las oportunas consideraciones críticas de A. Cavarero, «Il posto della politèia nel costituzionalismo di Charles McIlwain»: *Filosofia politica* 2 (1991), pp. 271 ss. La conveniencia de aplicar la noción moderna de «constitución» a las relaciones políticas que caracterizan a la antigua Roma es discutida por H. Grziwotz, *Das Verfassungsverständnis der römischen Republik*, Frankfurt a. M.-Bern-New York, 1985; e Íd., *Der moderne Verfassungsbegriff und die «Römische Verfassung» in der deutschen Forschung des 19 und 20 Jahrhunderts*, Frankfurt a. M.-Bern-New York, 1986.

39. Cicerón, *De re publica*, II, I: la *res publica* «constituta saeculis et aetatibus».

necesidad de recurrir a la imagen y a la práctica de la virtud: de los monarcas, para que no se conviertan en tiranos; pero también de la aristocracia, para que no se transforme en oligarquías cerradas; y también del pueblo, para que no oiga la voz de los demagogos. Los antiguos, entonces, dejan en herencia a los tiempos sucesivos esta gran idea: que una comunidad política tiene una forma ordenada y duradera, en concreto una constitución, si no está dominada unilateralmente por un principio político absolutamente preferente; si las partes que la componen tienen la capacidad de disciplinarse; si, en definitiva, su vida concreta no es mero desarrollo de las aspiraciones de los vencedores.

2

LA CONSTITUCIÓN MEDIEVAL

1. *Los caracteres generales*

Hay una idea general sobre el Medievo todavía bastante difundida, aunque ya no común. Es la idea del Medievo teocrático, dominado por la presencia rectora, en sentido universalista, del Imperio y de la Iglesia, dentro del cual las únicas autoridades políticas legítimas son aquellas directa o indirectamente vicarias de Dios: una época en la que todo el poder desciende de lo alto, a través de una cadena jerárquicamente ordenada. Desde este punto de vista, las diferencias con la constitución de los antiguos resultan evidentes. Los antiguos habían sufrido tiranías y despiadados regímenes oligárquicos pero, al menos en los casos de la *polis* griega y de la *res publica* romana, habían propugnado la necesidad de experiencias políticas y constitucionales de alguna manera participativas, que incluso estaban fundadas sobre un cierto protagonismo de los ciudadanos, es decir, sobre una concepción ascendente y no descendente del poder. La conclusión de tal planteamiento es también obligada: el Medievo, desde el punto de vista de la historia constitucional, aparece entre paréntesis, es la edad del *eclipse de la constitución*, comprendida entre lo antiguo y lo moderno, la edad en que la conciencia colectiva de la necesidad de una ley fundamental se disuelve[1].

---

1. Las conocidísimas metáforas del poder ascendente y descendente son de Walter Ullmann, cuya posición por otro lado es mucho más compleja que la síntesis ofrecida en el texto: véase W. Ullmann, *The Individual and Society in the Middle Ages*, Baltimore, 1966. Las ideas de Ullmann han sido recientemente retomadas por M. Dogliani, *Introduzione al diritto costituzionale*, Bologna, 1994, pp. 111 ss.

Pues bien, todo nuestro segundo capítulo está dedicado a rechazar esta tesis y a sostener así la existencia de una verdadera y auténtica *constitución medieval*, dotada de características históricas propias, distintas de las características de la constitución de los antiguos, como también de aquellas peculiares de la constitución de los modernos. Todo lo que sucede en la complicada escena constitucional de la Edad Media debe por ello interpretarse en su autonomía y tipicidad, ni como mera prosecución o continuación, o renacimiento de la constitución de los antiguos, ni como mera anticipación o preparación de la constitución de los modernos, sino como una realidad que existe en sí, que está históricamente determinada.

En primer lugar, debemos ser conscientes de la enorme amplitud del Medievo, desde la caída del edificio político romano en el siglo V hasta la aparición de la soberanía estatal de los modernos a partir del siglo XV[2]. En el curso de estos diez siglos no existe ciertamente una forma típica del ejercicio del poder. Existen poderes orientados en sentido universalista, como el imperial, pero con frecuencia escasamente dotados de efectividad en la vida concreta de la sociedad medieval. Y existen por el contrario poderes agentes con otro grado de concreción sobre espacios territoriales bastante limitados, con frecuencia legitimados únicamente por la posesión de la tierra, de donde se deriva el mismo ejercicio de los poderes de *imperium*: la administración de la justicia, la recaudación de impuestos, la llamada a las armas. Existen rey, príncipes y señores, laicos y eclesiásticos, que derivan sus poderes de manera más o menos segura y lineal de los poderes orientados en sentido universalista, y que, a su vez, de manera más o menos clara, tienden a considerar el objeto de su dominio como un territorio más o menos unificado, o como un simple conjunto de tierras unidas por relaciones de carácter feudal. Existe, finalmente, sobre todo a partir del siglo XI, el extraordinario fenómeno de la constitución de los ordenamientos de las ciudades, que se dotan de formas de gobierno también en gran medida participativas. Si se mira ahora horizontalmente toda esta extraordinaria complejidad, nos damos cuenta de que estamos frente a formas de ejercicio de los poderes públicos y modos de legitimación bastante distintos, autocráticos pero también oligárquicos, más o menos cerrados, o quizás abiertos, como ocurre con frecuencia en el caso de las ciudades, de manera más o menos consistente, hacia la base.

---

2. Una síntesis general puede encontrarse en G. Tabacco y G. G. Merlo, *Medioevo (V-XV)*, Bologna, 1989.

El mundo político medieval es entonces al menos tan variado como el antiguo. En todo caso, no puede ciertamente subsumirse por completo en la imagen, de la que hemos partido, del poder descendiente de Dios a sus vicarios en la tierra y de éstos a aquellos que ocupan los distintos grados más bajos, según una cadena férreamente ordenada en sentido jerárquico, con un único criterio originario de legitimación en su cumbre. La realidad política medieval es infinitamente más compleja, ciertamente no se puede reducir a ese descarnado esqueleto. Investigar sobre la constitución medieval significa por ello y ante todo ser consciente de esa complejidad, sin amputarla *a priori*, para comprender así cuáles son los rasgos comunes a esas realidades de poder tan distintas. Sólo el conjunto de estos rasgos determinará los contornos de nuestra constitución medieval.

No es cuestión de poca monta. En pocas palabras: se trata de comprender qué tienen en común poderes tan distintos como los de la Iglesia y los imperiales, con vocación universalista, los del feudatario y del señor territorial, los que asumen la responsabilidad del gobierno de los ordenamientos de las ciudades. Desde nuestro punto de vista, la historiografía ya ha construido algunas respuestas precisas[3]. En realidad, todos estos poderes, independientemente de su radio de acción sobre las personas, sobre las cosas y sobre las tierras, e independientemente de la manera de su legitimación, tienen en común el hecho de no ser poderes soberanos, de no tener ninguna pretensión totalizadora y omnicomprensiva en relación con los sujetos, los bienes, las fuerzas y los órdenes que existen en concreto dentro de sus respectivas jurisdicciones. Tanto en la más alta y noble fuente de derecho, como en el más humilde estatuto ciudadano, siempre encontramos la misma característica de fondo: la parte más relevante de la vida de los ciudadanos, sobre todo aquella de relevancia económica y patrimonial, se desarrolla fuera de aquellas escasas previsiones normativas, en la praxis, siguiendo la fuerza normativa autónoma y primaria de la costumbre.

Podemos formular así una primera característica general de nuestra constitución medieval: la *intrínseca limitación de los poderes públicos*. No se trata de una limitación establecida por normas

---

3. Me refiero sobre todo a P. Grossi, *L'ordine giuridico medievale*, Roma-Bari, 1995, pp. 39 ss.; trad. cast. *El orden jurídico medieval*, Madrid, 1996; al que añadiría, porque es todavía ejemplar su claridad y capacidad de síntesis, F. Kern, «Recht und Verfassung im Mittelalter»: *Historische Zeitschrift* 120 (1919), pp. 1 ss., y Tübingen, 1952, reed., Darmstadt, 1992.

positivas generales y escritas, que ninguno tenía el poder de elaborar, ni siquiera la voluntad de hacerlo, sino de una limitación de hecho, que toma cuerpo de manera cada vez más consistente a partir del siglo V, después de la caída del edificio político romano. Con aquel edificio no sólo cae la concreta fórmula política imperial romana, sino que sucede mucho más: desaparece, desde una consideración más amplia, y por mucho tiempo, la misma posibilidad de ordenar en sentido global, a partir de un centro, de cualquier centro, el conjunto de relaciones civiles, económicas y políticas.

Este conjunto se ordenó en esencia, cada vez más, por cuenta propia, según formas distintas e infinitamente variadas. En este sentido, fueron decisivos los primeros siglos de la Edad Media, precisamente esos que frecuentemente son considerados los siglos más oscuros, los de mayor decadencia. En realidad, fueron los siglos en el curso de los cuales los hombres, para los que bien poco podía significar ya el ideal político antiguo de la ciudadanía, se habituaron a buscar refugio y consuelo dentro de ordenamientos particulares, con frecuencia territorialmente bastante reducidos, dentro de los cuales el valor tranquilizador de la comunidad revivía esencialmente a través del derecho, a través de la presencia de reglas escritas en las cosas, establecidas consuetudinariamente, sobre cuya base cada uno podía encontrar la medida concreta de sus propias pretensiones, la seguridad propia y, también, el límite al ejercicio de los más penetrantes poderes públicos de coacción, los de aquellos que legítimamente podían imponer tributos, llamar a las armas, ejercer el oficio de juez.

Entonces, si aquellos poderes se detenían siempre y sin excepción ante un umbral concreto —más allá del cual se desarrollaba la parte más relevante y cotidiana de la vida de la comunidad—, no era por una deliberada y consciente voluntad de respetar la llamada autonomía de los particulares —también esto sería una manera de deformar la constitución medieval—, ni siquiera la mayor parte de las veces por el temor a una verdadera y auténtica sanción efectivamente aplicable, sino porque los titulares de esos poderes se habían habituado a su vez, en el curso de los siglos, a considerar al conjunto más relevante de las relaciones económicas, sociales y políticas como algo que de hecho se situaba más allá de su capacidad de normación, como algo que ya estaba en sí jurídicamente ordenado.

Llegamos así al punto tal vez más crítico, que nos permite sacar a la luz la segunda característica fundamental de la constitución medieval, estrechamente relacionada con la intrínseca limitación de los poderes públicos. Se trata de la concepción de aquel conjunto de relaciones sustancialmente indisponibles por parte de los poderes públicos en los términos de *un orden jurídico dado*, estructurado por mil vínculos y convenciones, tan concretado en los hechos que provoca la más extrema fragmentación, el más amplio particularismo. La casi ilimitada variedad de la constitución medieval, lo que los modernos, desde su punto de vista, perciben como un intolerable desorden, fue posible durante muchos siglos precisamente por este motivo: porque todos los sujetos protagonistas de esa constitución eran bien conscientes de la imposibilidad de salir del lugar y de la función que a ellos correspondía dentro de un orden que era sentido profundamente como vinculante, precisamente como un orden jurídico. La fuerza que obraba potentemente para fijar los límites de la capacidad de normación de los poderes públicos obraba también horizontalmente entre los sujetos operantes en el ámbito de la constitución medieval. Ninguno de ellos, en efecto, podía disponer de aquella constitución.

Aparece así con absoluta evidencia la línea de separación, en verdad bastante profunda, entre la constitución de los antiguos y la constitución medieval. Como veremos más adelante, en realidad el pensamiento político medieval retomará muchas de las problemáticas presentes en la antigüedad: el temor a y la condena de la tiranía, la naturaleza mixta de la constitución, y otras más. Pero se tratará con frecuencia de la búsqueda de una autoridad, de esa autoridad que todavía inevitablemente se atribuía a las fuentes antiguas, y no de la voluntad de proseguir el mismo discurso, que ya no podía ser tal en un contexto histórico tan cambiado. Lo que había cambiado con el paso de la Edad Antigua a la medieval era, precisamente, el *tipo de constitución*.

En síntesis, si la constitución de los antiguos podía concebirse como *un orden político ideal*, al que tender prescriptivamente, la constitución medieval puede entenderse más bien como *un orden jurídico dado*, a preservar, a defender frente a todos aquellos que pretendan introducir alteraciones arbitrarias en los equilibrios existentes. Como hemos visto, la reflexión de los antiguos sobre la constitución se afirma en las fases de crisis y de decadencia política, cuando se teme perder el valor primero de la unidad política, como en el caso de la *polis* griega o de la *res publica* romana. Al contrario, la reflexión medieval —de los filósofos, de los teólogos, de los mismos juristas— se afirma a partir del siglo XI[4], en la plenitud de

---

4. Lo veremos a partir del siguiente epígrafe.

la Edad Media, y sólo puede comprenderse teniendo presente que los protagonistas de esa reflexión presuponen la existencia de un orden jurídico dado, sentido como vinculante por los hombres y por las fuerzas agentes de la sociedad medieval.

Mientras en la Edad Antigua el discurso sobre la constitución, sobre la *polis*, sobre la *res publica*, está dirigido a la construcción de la unidad política, de la ciudadanía común, en la Edad Media el discurso sobre la constitución, sobre el límite más allá del cual el príncipe se convierte en tirano, sobre el ejercicio del derecho de resistencia, sobre las leyes fundamentales, está dirigido a la defensa y la tutela del orden jurídico dado. Mientras en el tiempo histórico antiguo el primer enemigo de la constitución es el espíritu de *facción*, es decir, todo aquello que divide a la comunidad política, que debilita el sentido político de común pertenencia sobre el cual se funda la *polis* y la *res publica*, en el tiempo medieval el principal enemigo de la constitución es *el arbitrio*, es decir, toda posible y desmedida pretensión de dominio sobre la complejidad de la realidad jurídicamente ordenada. Mientras los antiguos pensaban en el mundo de los bienes, de las riquezas, de las tierras, como el lugar en el que podía producirse el conflicto entre ricos y pobres, que constituía la primera amenaza para la comunidad política, y así en la ciudadanía política como el lugar en el que los hombres se redimían de sus tendencias egoístas, en el Medievo aquel mundo de las relaciones económicas y patrimoniales era precisamente sobre el cual se ponían las primeras y decisivas piedras, que estaban en la base del edificio político y constitucional medieval. Mientras la constitución de los antiguos empujaba a los hombres a ejercitar la práctica de la virtud, de la dedicación a la cosa pública, la constitución medieval habituaba a los hombres a gozar de sus libertades concretas, aquellas que se establecían directamente en la práctica social, según el lugar y la función que a cada uno correspondía en el ámbito del orden jurídico dado.

Por esto, en fin, la Edad Media puede describirse como la edad en la que el discurso sobre la constitución deja de pertenecer de manera exclusiva al campo político y moral, del perfeccionamiento del hombre a través de la experiencia de la ciudadanía política común, y comienza a entrar en el mundo del derecho, a convertirse en discurso jurídico, que nace de la práctica social. Por eso, hablar de la constitución medieval significa hablar de reglas, de límites, de pactos y contratos, de equilibrio. Esto es lo que haremos en las próximas páginas.

2. *Rey y tirano*

Como hemos visto, una verdadera y auténtica reflexión sobre el orden político y jurídico medieval sólo comienza aproximadamente a partir del final del siglo XI, en un tiempo señalado por indudables cambios y, también, marcadas transformaciones de la sociedad medieval. Esas transformaciones han sido descritas en varias ocasiones. Todo parece estar en movimiento en la segunda mitad del siglo XI, desde el cambio del paisaje agrario y la formación de una riqueza ya no exclusivamente fundiaria, sobre todo a través del estamento profesional de los mercaderes, a la progresiva erosión de los latifundios eclesiásticos y laicos, con la aparición de las ciudades, dotadas de nuevos regímenes políticos[5]. Enseguida se asistirá también al florecimiento de nuevos centros de educación y de estudio, de la filosofía, la teología y también del derecho, con la relectura del derecho romano justinianeo, precisamente en función de las nuevas exigencias que emanaban de la transformación de la sociedad medieval. Y, algo más adelante, hacia la mitad del siglo XIII, el descubrimiento de la *Política* de Aristóteles contribuirá de forma importante a proporcionar una base, o un punto de referencia autorizado, para la reflexión medieval sobre la política.

El primer testimonio relevante en el ámbito de esta reflexión es ciertamente el del prelado inglés Juan de Salisbury (1115-1180), con su *Policraticus*, escrito a finales de los años sesenta del siglo XII[6]. El tema central de esta obra es el de la diferencia sustancial e irrenunciable entre rey, o príncipe, y tirano. Esta diferencia sólo puede comprenderse dentro de la constitución medieval, cuya firme existencia evidentemente se presupone. En efecto, es cierto que

---

5. Para ello puede ser estimulante la lectura de C. Violante y J. Fried (eds.), *Il secolo XI: una svolta?*, Bologna, 1993; demasiado forzada resulta la interpretación de H. J. Berman, *Law and Revolution. The Formation of the Western Legal Tradition*, Cambridge, Mass., 1983, que enfatiza desmedidamente el giro del siglo XI, rompiendo la unidad de la experiencia política y jurídica medieval, e interpretando en esencia el segundo Medievo como el inicio del tiempo histórico moderno.

6. Juan de Salisbury, *Policraticus*, ed. de C. C. I. Webb, London, 1909, reed., Frankfurt a. M., 1965; trad. cast. *Policraticus*, ed. de M. Á. Ladero, Madrid, 1984. Sobre Salisbury véase: *The World of John of Salisbury*, ed. de M. Wilks, London-Oxford, 1984. Sobre toda esta fase de la reflexión política medieval, en general, resultan esenciales: T. Struve, *Die Entwicklung der organologischen Staatsauffassung im Mittelalter*, Stuttgart, 1978; A. Black, *Political Thought in Europe (1250-1450)*, Cambridge, 1992; K. Pennington, *The Prince and the Law, 1200-1600*, Berkeley, 1993; y D. Wyduckel, *Princeps Legibus Solutus. Eine Untersuchung zur frühmodernen Rechts- und Staatslehre*, Berlin, 1978.

el príncipe es *legibus solutus* y que lo que le place tiene fuerza de ley, según la conocida máxima *quod principi placuit legis habet vigorem*, pero esto no sucede por casualidad, sino porque el deber del príncipe de promover la justicia y la equidad es absoluto, y no puede por ello depender de la eficacia de una sanción, contenida en una ley positiva oponible formalmente a él[7]. En la mentalidad medieval aquel que es justo y equitativo sólo por estar sometido a la ley, sólo por el temor de una sanción, no es digno de ocupar el puesto de regidor supremo del destino de la comunidad política.

De esta manera, si el príncipe concentra en sí el poder, no es por casualidad, sino «para que así tenga capacidad suficiente para buscar y procurar el bien particular y común, y se establezca de la mejor forma la disposición de toda la comunidad política humana, en la que unos son miembros de otros»[8]. El poder del príncipe, ilimitado según la teoría moderna de la competencia, es en realidad limitadísimo desde el punto de vista de su obligada finalidad, que es la de mantener la paz y la concordia de la comunidad, la de la equitativa y prudente consideración de la utilidad de cada uno y de todos, de la razonable composición de las partes según sus recíprocas relaciones, como reza el texto antes citado.

Todavía resulta más significativo el hecho de que Juan de Salisbury, en evidente diálogo con los juristas de su tiempo, recurra a la figura de la *equidad* para indicar la única ley que el príncipe no puede violar, cuya violación produce la condición manifiesta de tiranía[9]. Evidentemente, el príncipe del que aquí hablamos se convierte en tirano cuando pierde su carácter de juez supremo, cuando no cumple con su deber absoluto de mantener al paz de la comunidad, de reconocer a cada uno su lugar y su función, de reprimir las violaciones del orden existente. Un príncipe no equitativo, que comience a convertirse en tirano, es entonces un príncipe que ya no sabe, o ya no quiere, mantener unida a la comunidad que se le ha confiado, que ya no es imagen de ella entera y de la multiplicidad de las relaciones que en ella se desarrollan, y se convierte por el contrario en imagen de una sola parte o sólo de algunas partes, e inevitablemente comienza así a establecer privilegios injustos, a establecer penas injustas.

La de Juan de Salisbury es ya una buena y definida configuración del gobernante del tiempo histórico medieval. En aquel tiem-

---

7. Juan de Salisbury, *Policraticus*, IV, 2.
8. *Ibid.*, IV, 1.
9. *Ibid.*, IV, 2.

po gobernar no significa en efecto elegir y dirigir, sino juzgar según el derecho existente, según un derecho sustancialmente preexistente a la voluntad del príncipe, que él era llamado a mantener, a reproducir. Ciertamente, la sentencia del príncipe era inapelable. Pero en el ámbito de la constitución medieval se partía del presupuesto de que no necesitaba apelación. Si el príncipe era verdaderamente tal, no podía pronunciarse de manera injusta: del jefe auténtico de la comunidad política no se podía esperar un pronunciamiento disconforme al derecho, que no fuese expresión de la misma racionalidad que se encontraba en los lazos y relaciones efectivamente existentes en aquella misma comunidad. Si esto no sucedía, entonces debía pensarse que ya no se estaba ante un príncipe, sino ante un tirano. Y contra él, precisamente en nombre del derecho y de la constitución medieval, era posible, y de alguna manera obligado, el ejercicio del derecho de resistencia[10].

Como se decía, la obra de Juan de Salisbury es ya suficientemente representativa de la conciencia de su tiempo, y en particular de la distinción entre una mera voluntad política, que tiende a convertirse en arbitraria y tiránica, y una voluntad conforme al derecho, que respeta el orden concreto de la comunidad política. Sin embargo, esta distinción fundamental está confiada en esta obra a pocas y escasas máximas, claras pero aisladas, que no tienden a componer una verdadera y auténtica doctrina. El siguiente paso, y en cierta medida decisivo, está contenido en las obras de Tomás de Aquino (1225-1274), en particular en su *Summa theologica*, precedida del *De regimine principum*, compuestas a partir de 1265.

Tomás de Aquino repite lo que ya había afirmado Juan de Salisbury: que el principe es *legibus solutus* sólo en lo que respecta a la fuerza coactiva de la ley, en el sentido de que él no puede ser legalmente sometido, bajo amenaza de sanción, a la observancia de la ley, pero no en lo que se refiere a la fuerza directiva de la misma ley, de la que el príncipe es máximo intérprete y ejecutor, en el sentido de que su deber de obrar a favor de la comunidad, de manera equitativa, es absoluto[11]. La novedad frente a Salisbury re-

---

10. Del derecho de resistencia nos ocuparemos difusamente más adelante.
11. Tomás de Aquino, *Summa theologica*, I IIae, q. 96, a. 5 (existen varias trad. cast., así: *Suma de teología*, BAC, Madrid, 1988). Sobre Tomás de Aquino, en una prospectiva cercana a la nuestra, véanse M. Bastit, *Naissance de la loi moderne*, Paris, 1990, y P. Grossi, «Un diritto senza Stato (la nozione di autonomia come fondamento della costituzione giuridica medievale)», en Íd., *Assolutismo giuridico e diritto privato*, Milano, 1998, pp. 275 ss.

side en el hecho de que el discurso sobre el príncipe justo está ahora inserto en un tratado más ambicioso sobre las formas de gobierno, que en buena medida reanuda el modelo aristotélico.

En concreto, en los primeros seis capítulos del primer libro del *De regimine principum* Tomás de Aquino no se limita a la usual contraposición entre tirano y príncipe justo, y se sitúa por el contrario en el punto de vista más amplio de la monarquía como forma ideal de gobierno, la más adecuada para mantener la unidad y la paz del pueblo, de la multitud asociada. En estas páginas, como en otras, se siente obrar con fuerza la gran metáfora organicista, según la cual todas las infinitas articulaciones de un cuerpo, natural o político, viven en armonía las unas con las otras, bajo la condición de que exista un corazón, uno solo, un único centro motor para todo el organismo.

Ciertamente, también la monarquía puede convertirse en tiranía, pero la diferencia está en que aún más puede hacerlo la democracia, entendida como «predominio del pueblo», como puro «poder del número»[12]. Para Tomás de Aquino, en efecto, resulta lógico que allí donde muchos son llamados a gobernar sea fácil que algunos pierdan el camino del bien común, comiencen a gobernar para su utilidad personal, dividan al pueblo en facciones. Y de todos estos emanará al fin, según el modelo antiguo bien conocido por Tomás de Aquino, el tirano, es decir, el jefe de la facción vencedora, que destruirá la constitución, reduciéndola a mera proyección de las pretensiones de la facción.

En el caso de la monarquía, precisamente porque el gobierno es de uno solo, será por el contrario inevitable la aparición de límites y atemperaciones. Entre ellos, Tomás de Aquino admite la misma resistencia del pueblo contra el príncipe que se está haciendo tirano. Ciertamente, se trata de una admisión que está rodeada de mil cautelas, sobre todo ante el temor a que el pueblo, al contraponerse al tirano, pueda dividirse en facciones, produciéndose así de hecho una desordenada condición, peor incluso que la que se quería evitar y negar. El pueblo deberá por ello resistir ordenadamente, nunca o casi nunca en primera persona y directamente, sino esencialmente a través de la obra preventiva de los magistrados y los ministros, de manera que éstos disuadan al príncipe, le transmitan las peticiones justas, le llamen al ejercicio de sus deberes[13].

---

12. Tomás de Aquino, *De regimine principum*, I, 1; trad. cast. *La monarquía*, Madrid, 1989.
13. *Ibid.*, I, 3-6.

El derecho de resistencia no tiene obviamente ninguna relación con la moderna revolución, con el cambio de régimen. Y con rigor ni siquiera puede entenderse como aplicación de una sanción contra el tirano. Por el contrario, sirve, de manera preventiva, para evitar la tiranía; es expresión de una comunidad capaz de generar los justos antídotos contra los peligros de la división y de la disolución; es manifestación de la existencia de una firme constitución, que Tomás de Aquino llama *politia*, bajo la guía de la definición aristotélica de la forma de gobierno óptima. Todavía más claro deviene este punto en la *Summa theologica*[14], en la que la monarquía, pero también la ciudad, puede decirse que están dotadas de una *optima politia*, de la mejor forma de gobierno, de una firme constitución, cuando saben ligar al gobierno de uno solo la función y las virtudes de los mejores, expresión de la componente aristocrática, de los magistrados y de los ministros, elegibles a su vez por parte del pueblo, como expresión de la componente democrática.

Como se aprecia con claridad, con Tomás de Aquino renace el antiguo ideal de la *constitución mixta*, pero con significados totalmente distintos y nuevos[15]. Como sabemos, la doctrina de la constitución mixta es en la antigüedad esencialmente una doctrina del equilibrio social, que aparece en primer lugar en función de moderar y mesurar las pretensiones de las fuerzas sociales, de los estamentos aristocráticos y populares, de evitar el conflicto entre ricos y pobres, según la célebre lección de Aristóteles. Con Tomás de Aquino, el mismo tema de la constitución mixta —en su texto la *optima politia* tiene la virtud de ser *bene commixta*— asume el significado totalmente distinto de la forma de gobierno monárquico: su finalidad no es tanto el equilibrio social, que se da por existente, sino una *potestas*, la monárquica, que ahora ya no puede estar aislada, que se sitúa dentro de una amplia forma de gobierno, que valora así el elemento aristocrático y el democrático.

Naturalmente, no debemos imaginar a Tomás de Aquino como un defensor de los derechos del pueblo ni, en concreto, del derecho de elegir los magistrados y los ministros que auxilien al príncipe. Más bien aparece en él la idea —cada vez más fuerte en lo que queda del siglo XIII— de que a la extraordinaria complejidad de la constitución medieval debía corresponder no sólo un competente

---

14. Tomás de Aquino, *Summa theologica*, I-IIae, q. 105, a. 1.
15. Una excelente visión de este gran capítulo de la doctrina constitucional de la Edad Media aparece en J. M. Blythe, *Ideal Government and the Mixed Constitution in the Middle Ages*, Princeton, 1992.

centro ordenador, el príncipe, sino también una capacidad de representación igualmente compleja, de la que formasen parte, junto al mismo príncipe, los magistrados, los oficiales del reino, los obispos, los señores feudales. De manera tal que siempre fuese posible, con medios pacíficos, no dejar solo al príncipe, prestarle auxilio y consejo en los momentos oportunos, y también prevenir su posible transformación en tirano.

Tomás de Aquino representa así una etapa esencial en el paso de una literatura política que se limitaba a exaltar las virtudes y las cualidades del príncipe justo, a otra que con él tiende ahora a convertirse en una verdadera y auténtica doctrina del régimen político monárquico. Ciertamente no estuvo solo en esta tarea. Precisamente en el curso del siglo XIII los propios juristas, con frecuencia a partir de los inciertos y contradictorios pasajes de la compilación justinianea, ofrecen contribuciones de no poca importancia con una clara orientación, con la orientación a la que, en definitiva, pertenecía Tomás de Aquino.

Bastará aquí recordar la doctrina de la Corona distinta de la persona física del rey: la primera, sustraída de toda forma de decadencia y alienación, la segunda, inevitablemente destinada a pasar[16]. La creación de un oficio y de una dignidad superior a la del rey, que el rey como persona física ocupaba sólo temporalmente, fue decisiva de muchas maneras: para sancionar que los bienes de la Corona son inalienables, también por parte del mismo rey, pero sobre todo con la finalidad de considerar a los estamentos, los oficiales y los señores, laicos y eclesiásticos, responsables junto al rey del cuidado y la conservación de la Corona y de sus bienes.

Por este camino nuestros juristas se sintieron legitimados para forzar algunos fragmentos de la compilación justinianea, que se referían a problemas de derecho privado y a normas procesales, para dotar de un significado bastante amplio, ciertamente no previsto en su origen, a la conocida máxima según la cual *quod omnes tangit ab omnibus approbetur* (lo que a todos toca debe ser aprobado por todos). La operación estaba dirigida claramente a individuar la existencia de materias que hoy diríamos de interés general —como era típicamente la proclamación de un estado de necesidad tal para implicar una llamada extraordinaria a las armas o una también extraordinaria recaudación de tributos— para las cuales el

---

16. Sobre este punto, y más en general para la función de los juristas, resulta fundamental B. Paradisi, «Il pensiero politico dei giuristi medievali», en L. Firpo (ed.), *Storia delle idee politiche, economiche e sociali. Il Medioevo*, Torino, 1983, pp. 211 ss.

rey habría tenido que consultar a los estamentos, los oficiales, los señores feudales, precisamente sobre la base del principio según el cual lo que en sí era de interés general, lo que tocaba a todos, sólo podía decidirse con la aprobación de todos aquellos que junto al mismo rey representaban las múltiples articulaciones del territorio.

Como es claro, el hilo conductor siempre es el mismo, el de la constitución medieval, entendida como concreta red de lazos y relaciones, de hombres y bienes, existente en un territorio concreto. Cuando esta red está amenazada, cuando está en juego algo que mira a la utilidad de alguien y de todos, todos están llamados a su defensa, todos son responsables y, así, todos son llamados a prestar su aprobación. El príncipe no puede decidir por él mismo y ninguno puede dejar solo al príncipe. En las páginas de Tomás de Aquino y de los juristas está contenida seguramente la fuerza de la monarquía como forma de gobierno ideal, pero también de manera inevitable la otra cara de la moneda: la fuerza del todo y de la comunidad, de lo que aparece objetivamente, por la fuerza de las cosas, como bien común, sobre todo la paz y la integridad del territorio, de los hombres y de las cosas que en él están insertas.

En fin, lo que emerge de todo esto es la gran figura de la *potestas temperata*, de un poder que inevitablemente y cada vez más aparece rodeado de reglas y de límites. Los auxiliares de los reyes y de los príncipes, los mismos señores feudales, se estructuran así cada vez más en el plano político, devienen cada vez más claramente asamblea y parlamento, y quieren discutir cada vez más cuestiones, sobre las que ejercitan verdaderos y propios poderes de aprobación. Estaba naciendo, en las cosas y directamente en la práctica social y política, *un derecho público*, de base fundamentalmente contractual, fundado sobre una realidad articulada estructuralmente en sentido plural. Se estaba releyendo a Aristóteles, pero la constitución de los antiguos estaba definitivamente muerta.

3. *La supremacía de la comunidad política*

Ya hemos tenido ocasión de subrayar la metáfora organicista en el ámbito del pensamiento político medieval. Aquella metáfora poseía, en virtud de su misma construcción interna, una ambivalencia estructural. Por una parte, servía para exaltar la función del monarca, del príncipe. Sin duda, era el corazón de un organismo que no podía pensarse sin él, que no podía vivir sin él. Por otra parte, el mismo príncipe existía para dar vida al organismo, en definitiva, en función de él. Un corazón que no da vida a ningún organismo es, en efecto, tan antinatural como cualquier otra parte de aquel organismo separada de él, que no esté conectada al centro motor, al corazón mismo. Por esto, en la misma lógica del organicismo estaba comprendido necesariamente el paso —que durante el siglo XIII aparece cada vez más marcado— de la doctrina del régimen monárquico (*regimen regale*) a la doctrina del régimen político (*regimen politicum*).

Bajo la guía del modelo aristotélico, retomado también por Tomás de Aquino, *politicum* tiende a significar cada vez más algo que excede de lo meramente *regale*, que permitía mirar al conjunto de las relaciones existentes de hecho en la comunidad política en toda su amplitud, y ya no sólo desde el punto de vista del príncipe, de sus prerrogativas, de sus deberes. Se tiende entonces a mirar de manera cada vez más directa a la comunidad política en su conjunto, sobre la base del principio, cada vez más fuerte en el curso del siglo XIII, según el cual el rey es superior a toda parte singular del organismo político tomada aisladamente, así como sucede con el corazón en el cuerpo humano respecto de cualquier otro órgano, pero es inferior al conjunto de aquellas partes, que todas juntas, entre ellas relacionadas, constituyen la *universitas*, la comunidad política en función de la cual existe, en definitiva, el mismo rey.

Ésta es, en pocas palabras, la *supremacía de la comunidad política* en la Edad Media: la supremacía del todo sobre las partes y, también, la supremacía del mismo rey, pero no de manera autónoma y diferenciada, sino sólo porque él, más que otros, es esencial para la representación de la totalidad de aquella comunidad. Por esto, cada vez será más inevitable el paso de la atención principal en la reflexión política medieval: de los poderes del rey, más o menos temperados, a la estructura de fondo de la comunidad política, en una palabra, a la *constitución*. Por esto, será cada vez más relevante saber cómo en el plano político la comunidad representa —con el rey y junto al rey— al conjunto de los poderes y de las relaciones existentes dentro de ella, cuál es el derecho que usa y qué parte tiene el rey en su producción, y en general cuáles son los derechos efectivamente asegurados y hasta dónde pueda llegar, frente a ellos, la extensión de las prerrogativas del rey.

Ciertamente, todo esto no podrá jamás asumir en la época medieval el significado, que es sólo moderno, de una sociedad, civil y política, que se autorrepresenta, como sociedad de individuos, que quieren instituir su poder político. En el tiempo histórico de la Edad Media ninguna comunidad política puede pensarse sin un principio de autoridad en ella ya presente, sin el propio príncipe. Y, sin embargo, no existe ninguna duda sobre el hecho de que la comunidad política medieval —partiendo de su integridad y por ello de su supremacía— quiere saber cada vez más cuáles son las reglas que gobiernan la relación entre el príncipe y cada una de sus partes, comienza a pensar estas reglas en los términos de un contrato, pide al príncipe cada vez más que jure fidelidad a esas reglas.

Ya no se está satisfecho de la simple distinción entre Corona y rey, que ya conocemos, o mejor dicho se quiere atribuir a la primera un significado amplísimo, que la hace coincidir con el conjunto de la comunidad política, con el complejo de las relaciones, de los derechos y de los poderes que en ella existen, y así se convierte en el verdadero objeto de la reflexión política. En fin, la referencia única a la Corona se convierte de manera manifiesta en inadecuada, y entonces se tendrá necesidad de otros conceptos: el régimen político, la ley del país, y otros.

Como se sabe, la tendencia que estamos describiendo, aun siendo propia de todo el espacio histórico de la constitución medieval, es particularmente fuerte y evidente en el caso inglés[17]. Ya en el siglo XIII es posible encontrar, en este caso, notables fuentes escritas que testimonian la evolución en acto. Entre ellas, ciertamente con un valor no sólo doctrinal, sobresale la conocidísima *Magna Charta*, que los magnates del reino, los señores feudales, el clero, pidieron y obtuvieron, en 1215, del rey Juan. La *Carta* tenía precisamente el significado de un contrato, suscrito por el rey y por todos los magnates, laicos y eclesiásticos, teniendo por objeto propio el conjunto de los derechos que por tradición competían al clero, a los vasallos del soberano, a todos los hombres libres, a los mercaderes, a la comunidad de la ciudad de Londres[18].

Obviamente, de la *Carta* se puede tomar su aspecto quizás más conocido, el de la limitación de algunas prerrogativas del rey, como los capítulos 12 y 14, que condicionan la imposición de tributos, o de cargas de distinto género, de carácter extraordinario al *commune consilium regni*, en esencia, a su aprobación por parte de los obispos, de los condes y de los barones mayores. Pero en realidad

---

17. Sigue siendo esencial para este propósito, bien para las líneas generales, bien para el caso inglés, E. H. Kantorowicz, *The King's Two Bodies: A Study in Medieval Political Theory*, Princeton, 1957; trad. cast. *Los dos cuerpos del rey: un estudio de teología política medieval*, Madrid, 1985.

18. La síntesis más lograda se encuentra en J. C. Holt, *Magna Charta and Mediaeval Government*, London, 1985.

la limitación de las prerrogativas del rey —que por ello ya no puede decidir por sí mismo la existencia de un estado de necesidad, de una situación extraordinaria como para determinar la necesidad de imponer cargas particulares— es expresión de otra cosa, en sí misma aún más relevante.

En efecto, ahora se manifiesta con claridad que con el mecanismo del *consilium regni* se está determinando una situación en la que los magnates del reino, todos juntos y junto al mismo rey, tienden a representar la comunidad política en su totalidad, con el conjunto de derechos y relaciones existentes en ella. Para nosotros éste es el aspecto más relevante. Consiste, en síntesis, en la conciencia de la existencia de un orden común, del orden constitucional del reino, que por lo menos en los momentos extraordinarios y más críticos puede y debe estar representado conjuntamente por el rey y por todos los magnates del reino. En otras palabras, es cierto que todas las fuerzas agentes, el clero, la nobleza, las ciudades, los mismos mercaderes, buscan con la *Carta* asegurar su puesto y su función, sus propios ámbitos definidos de poder, pero también es cierto que todas estas mismas fuerzas unidas, a través de la misma *Carta*, no hacen otra cosa que confirmar la existencia de un orden común, de una *lex terrae*, de una verdadera y cierta ley del país[19].

Por ello, el significado fundamental del *consilium regni* sólo de manera mediata es el de la limitación de los poderes del rey, que también interesaba mucho —y bastante en concreto— a muchos de los sujetos empeñados en la estipulación de la *Magna Charta*. En realidad, lo que aún resulta más interesante es confirmar la necesidad de un espacio institucional, que en origen era la tradicional *magna curia*, en el que a través de la progresiva institucionalización del *consilium regni* el rey ya no esté solo y en el que, al menos en los momentos más críticos, sea evidente la existencia de una comunidad política compleja y articulada en sí misma, pero también sustancialmente unida, que es capaz de asegurar a cada uno su propio puesto y función porque posee una ley fundamental, una ley del país, que atribuye y mantiene de manera segura esos puestos y esas funciones.

Por esto, los mejores y los más sensibles entre los legistas ingleses del siglo XIII se pusieron a trabajar para individualizar los caracteres y la consistencia efectiva de la ley del país. El principal de éstos fue ciertamente Henry Bracton (1216-1268), que entre los años

---

19. A la ley del país se refiere el conocidísimo capítulo 39 de la *Carta*, en materia de restricción de la libertad personal en relación a los hombres libres.

1250 y 1259 ordenó y recopiló las leyes y las costumbres del reino de Inglaterra[20]. Lo que aquí interesa no es ciertamente el pesado contenido de la recopilación, sino precisamente la noción de ley que en ella se encuentra, en cierta medida el criterio ordenador.

Para Bracton, la ley es en primer lugar la solemne confirmación de una costumbre, de un derecho ya existente por largo tiempo en la comunidad política. Pero esta confirmación no puede realizarse de cualquier manera. En concreto, no es ley, en sentido propio y fuerte, lo que el rey por sí mismo pone por escrito. Para que exista una ley es necesario que junto a la autoridad del rey existan otros dos elementos: el consentimiento de los magnates y el solemne compromiso de toda la comunidad política[21]. Ahora resulta demasiado fácil encontrar en Bracton el esquema de fondo, siempre recurrente, de la constitución mixta: ley es aquello que resulta de la colaboración del elemento monárquico, del aristocrático y del democrático.

En realidad el solemne compromiso —la *sponsio*, en el texto de Bracton— de toda la comunidad política no tiene aquí nada que ver con el elemento democrático de la constitución de los antiguos. Lo que Bracton quiere decir es que el acuerdo entre el rey y los magnates del reino debe asumir, en el *consilium regni*, los caracteres del compromiso solemne, de la *sponsio*, y, todavía más, de un compromiso que mira a todo el espacio de la *res publica* —otro concepto clave en el texto de Bracton—, la comunidad política en su conjunto. Lo que de verdad quiere ser ley no puede ser fruto de un mero acuerdo entre los potentes del reino, de sus intereses recíprocos; por el contrario, debe ser capaz de manifestarse como expresión del ordenamiento concreto de la comunidad política en su conjunto.

Más adelante Bracton subraya de manera bastante significativa el carácter duradero y vinculante de una ley así entendida, formulando el principio según el cual lo que es ley, lo que ha sido establecido con esa forma, con el consenso y aprobación de todos aquellos sujetos, sólo puede ser cambiado con aquellas formas y con aquel consenso, de todos aquellos mismos sujetos[22]. En otras palabras, la

---

20. Henrici de Bracton, *De legibus et consuetudinibus Angliae*, ed. de G. E. Woodbine, New Haven, 1915-1942. Como se sabe, Bracton ha sido fuertemente valorado, aunque de manera algo unilateral, por C. H. McIlwain, *Constitutionalism: Ancient and Modern*, New York, 1947.
21. Henrici de Bracton, *De legibus*, cit., I, 1, 2: «de consilio et de consensu magnatum et reipublicae communi sponsione».
22. *Ibid.*, I, 2, 6.

costumbre que solemnemente se convierte en ley, en el sentido antes indicado, deviene ley fundamental del país también bajo un aspecto formal, en el sentido de que se prohíbe ahora su alteración mediante formas y procedimientos distintos de aquellos que han llevado a su aprobación.

Pero hay algo más. La *sponsio* que ya conocemos, el solemne compromiso que acompaña la aprobación de la ley, se refiere ciertamente también al mismo rey, que en varios puntos de la obra de Bracton aparece de distinta manera como sujeto que jura, que se compromete de forma solemne a respetar la ley. Precisamente de esta forma deben leerse los pasajes más célebres de la obra de Bracton[23], en los que la ley se pone por encima del propio rey, en los que el poder del rey es considerado *potestas iuris*, vinculada al derecho y a la ley. Desde esta perspectiva no se debe pensar, sin embargo, en un rey constitucional en sentido moderno, reducido a la dimensión de uno de los muchos poderes previstos y autorizados por la constitución. Ciertamente no es así, y Bracton, en esos mismos pasajes de su obra, reafirma siempre y sin falta la superioridad del rey sobre cualquier otro sujeto, poder o dignidad presente en el reino. Lo que se quiere afirmar más bien es que esta superioridad existe esencialmente con la finalidad de mantener la paz y el orden de la comunidad, y que cuando el rey cumple con este deber absoluto al formar la ley, ésta constituye un compromiso solemne para todos, también para el mismo rey, y todos, también el mismo rey, deben cumplirla fielmente.

Por ello, la supremacía de la ley no es ciertamente la moderna más o menos formalmente sancionada, y coincide, por el contrario, como siempre en el Medievo, con la supremacía de la comunidad política. En efecto, esa ley no es para Bracton, como sabemos, otra cosa que la solemne traducción de la costumbre, del derecho profundamente radicado en la comunidad política, a un texto escrito y jurado: éste es el derecho al que el rey está sustancialmente vinculado, éste es el derecho que el rey debe mantener íntegro en el seno de la comunidad política. Entonces, si tuviéramos que decir ahora lo que para Bracton es la ley fundamental del país, podríamos decir que es el conjunto de las costumbres solemnemente aprobadas, dotadas de la autoridad del rey y provistas del consenso de los magnates del reino, que atañen a la comunidad política, a la *res publica*, en su totalidad.

---

23. *Ibid.*, I, 8, 5, y III, 9, 2-3. Para el juramento en la historia constitucional es obligada la referencia a P. Prodi, *Il sacramento del potere: il giuramento politico nella storia costituzionale dell'Occidente*, Bologna, 1992.

Conocemos bien lo que sucedió en Inglaterra. El *consilium regni*, que al principio sólo se manifestaba en la tradicional *magna curia*, y sólo en determinadas situaciones críticas, en virtud de una convocatoria por parte del rey —como en el caso del parlamento de Westminster de 1254 o del parlamento de Oxford de 1258—, deviene gradualmente cada vez más, de manera crecientemente estable e institucionalizada, en el *parlamento de Inglaterra*, que así es llamado de manera cada vez más frecuente en el curso del siglo XIII. Un parlamento en el que, junto al rey, tenderán a estar representadas todas las más significativas instituciones políticas y realidades territoriales del reino, calificadas de dignidades nobiliarias, pero también expresión de las comunidades rurales y urbanas, en la línea que progresivamente conducirá a la estructuración del parlamento mediante las dos conocidísimas asambleas de los *Lords* y de los *Commons*. Por lo demás, ya en el año 1322 puede leerse la siguiente declaración del parlamento inglés:

> Todo lo que debe decidirse por el reino y por la totalidad de la comunidad política, debe ser discutido y determinado en el parlamento, por el rey nuestro señor, con el consenso de los prelados, de los condes, de los barones y de los *commoners* del reino, según la antigua costumbre[24].

Ciertamente, el caso inglés tiene sus características específicas, pero no se trata de un caso aislado. Junto a la *Magna Charta* de 1215 pueden recordarse la Bula de oro húngara de 1222, el Privilegio general aragonés de 1283, hasta aquellos verdaderos y propios contratos que después se estipularon entre señores territoriales y estamentos, sobre todo en los territorios alemanes, como el Tratado de Tubinga de 1514. Y junto al parlamento inglés tenemos los Estados generales en Francia, las Cortes en la península Ibérica, los *Landtage*, las asambleas territoriales, en Alemania. Asistimos así, a lo largo de todo el territorio europeo, a la formación de un *derecho público*, en el amplio contexto del reino o dentro de ámbitos territoriales más reducidos, que tiene como carácter dominante aquel medieval de la *territorialidad*, que responde a una concepción del territorio no como mera definición perimetral del poder de *imperium*, como sucederá en el derecho público moderno, sino como realidad viva, que contiene un derecho concreto de la comunidad

---

[24]. La declaración se encuentra también, con distinta traducción, en R. W. y A. J. Carlyle, *A History of Mediaeval Political Theory in the West*, Edinburgh-London, 1950.

política, que los distintos contratos y acuerdos escritos, a partir de la *Magna Charta*, presuponen y prevén en su organización, con el intento evidente de mantener aquel derecho, de asegurar en su puesto y en su función a todas las fuerzas agentes de aquel territorio cierto.

Pero la supremacía de la comunidad política y de su derecho no se expresa sólo, en la Edad Media, por la vía del derecho público territorial, de los reinos, de los principados, de los señores. La compleja y bastante viva experiencia político-constitucional de la Edad Media conoce también, como es sabido, el importante fenómeno de los Municipios (*Comuni*), formados por una progresiva agregación de familias de origen señorial y, después, por otros estamentos de origen popular, por las corporaciones de las artes y de los oficios, por los mismos mercaderes. También estas realidades tenderán enseguida a convertirse en comunidades políticas, dotadas de propias y particulares formas de gobierno, dentro de las cuales aparecerá de forma concreta el problema general, propio de toda la época medieval, de la supremacía de la comunidad política.

Éstas son las realidades que laten en las páginas del célebre *Defensor pacis*, del año 1324, de Marsilio de Padua (1275-1343)[25]. En verdad, la obra de Marsilio no está explícitamente dedicada al estudio del nuevo poder municipal. Más bien —y la novedad no es ciertamente de poca importancia—, no presupone ya la necesidad de la forma de gobierno monárquica o señorial, y entonces discute del gobernante, nosotros diremos de la función de gobierno, como *genus*, respecto al cual la misma monarquía es *species*, así como lo son los nuevos ordenamientos municipales, o cualquier otro modo de organización del poder. Como puede comprobarse, el Medievo maduro presta cada vez mayor atención a la problemática constitucional, y el camino recorrido sobre este terreno a partir de la mitad del siglo XII es ya suficientemente largo, desde la discusión sobre las virtudes del príncipe justo hasta lo que ya puede considerarse un verdadero y auténtico tratado general sobre la forma de gobierno.

Y, sin embargo, este tratado está profundamente inserto en el contexto medieval. No sólo porque Marsilio parta, como todos los autores medievales, de la ya habitual clasificación aristotélica de las formas de gobierno[26], sino también y sobre todo por la presencia

---

25. Una introducción excelente a Marsilio es la de C. Dolcini, *Introduzione a Marsilio da Padova*, Roma-Bari, 1995. Una traducción castellana del texto: Marsilio de Padua, *El defensor de la paz*, Madrid, 1988. Un encuadramiento más amplio en C. Vasoli, «Papato e Impero nel tardo Medioevo: Dante, Marsilio, Ockham», en *Storia delle idee politiche, economiche e sociali*, cit., *Il Medioevo*, cit. pp. 543 ss.

26. Marsilio de Padua, *Defensor pacis*, I, VIII, 1-4.

en su obra de otro, y mucho más sustancial, elemento de continuidad. Se trata, en pocas palabras, de la persistente e irrenunciable fuerza del argumento organicista, que lleva a Marsilio, en línea con toda la precedente reflexión política medieval, a individuar en el gobernante la *pars principans*, es decir, aquella parte de la comunidad política cuya función activa, cuya «autoridad para juzgar, mandar y ejecutar las sentencias», es necesaria para la vida de la misma comunidad, como el corazón en el cuerpo humano y en los seres vivientes[27].

También en el caso de Marsilio, se debe rechazar todo intento de actualización que se dirija a encontrar en su obra una «anticipación» de las soluciones modernas. Ciertamente, puede impresionar el hecho de que ahora el gobernante sea explícitamente señalado como «parte», pero el hecho es que él no es tal porque sea posible, como en el derecho moderno, otra «parte», en hipótesis la «sociedad civil», o un conjunto autosuficiente de individuos unidos entre ellos contractualmente. En efecto, la *pars* —de la que Marsilio discute a este propósito— es tal porque está necesariamente inserta dentro de una comunidad indivisiblemente social y política, y, lo que es más importante, en obligada posición de *eminencia* —así indicaría la calidad de aquel que es *principans*—, de manera que está en grado de relacionar y armonizar todas las otras partes, que sin aquella parte primera y más eminente no producirían por sí mismas ningún orden, ni civil, ni político.

La novedad que Marsilio introduce parte de este punto, y sólo de este punto. En efecto, Marsilio sostiene —y precisamente aquí comienza a producirse el elemento de novedad— que la fuerza coactiva de la que el gobernante dispone con la finalidad de poder hacer frente a su deber absoluto de ser auténtico *defensor pacis*, de tener unida la comunidad política, no es inherente a él, no existe en él de manera natural y necesaria. Esta fuerza coactiva, para conformarse a su fin, así como quiere toda la reflexión política medieval, debe venir de la comunidad política en su conjunto, que *atribuye* esa fuerza al gobernante. Este último obrará de manera justa y conforme a la ley de la comunidad porque obrará de acuerdo con la *causa primera*, que Marsilio señala con eficacia en un célebre pasaje de su obra, que conviene recordar:

> El legislador, o la causa primera y eficiente de la ley, es el pueblo o el conjunto del cuerpo de los ciudadanos o su parte preferente

---

27. *Ibid.*, I, XV, 5-14.

(*pars valentior*), mediante su elección o voluntad, expresada con las palabras en la asamblea general de los ciudadanos[28].

Como sabemos por una ya larga discusión sobre este asunto, la expresión *pars valentior* es usada por Marsilio tanto desde el punto de vista cuantitativo como cualitativo. En otras palabras, se debe tratar de una parte numéricamente consistente de los ciudadanos y, al mismo tiempo, de una parte «valiosa», de la que son excluidas las mujeres, los niños, los extranjeros. Lo que importa, en fin, es que sea una *pars* tan amplia y representativa que pueda coincidir con la totalidad, con la *universitas civium*, con la comunidad política en su conjunto. Pero no sólo esto. A ese mismo sujeto, al legislador, Marsilio le confía la elección del gobierno, de toda forma de gobierno, no sólo de aquellas propias de los ordenamientos municipales, sino también la del mismo monarca, que él prefiere electivo, en vez de legitimado por la vía dinástica y hereditaria[29].

Como se comprenderá bien, las tentaciones de actualizar a Marsilio, de presentarlo como el descubridor de la moderna soberanía popular, han sido inevitablemente muchas. Se trata, sin embargo, de tentaciones que hay que rechazar. En el legislador de Marsilio, en su *universitas civium*, no se contiene en efecto ningún intento constituyente, ninguna voluntad de determinar, en sentido moderno, la forma política. Los ciudadanos de Marsilio saben bien que, como simple unión de individuos, no constituyen un cuerpo político soberano y autosuficiente. Ellos no eligen al gobernante para afirmar su «soberanía», sino para asegurarse de hecho que aquel gobernante será de verdad la *pars principans*, aquel que sabrá mantener unida a la comunidad política, y junto a ella aquel orden del que él debe formar parte, como cada uno de esos mismos ciudadanos. La elección no es por ello un gesto democrático moderno, que quiere afirmar la «soberanía» de quien lo realiza, sino la práctica que se concibe como más apropiada para mantener unida a la comunidad en todas sus partes, comprendida la del gobernante. La elección no es otra cosa que el modo específico, concebido por Marsilio como el más oportuno, de reafirmar la supremacía medieval de la comunidad política, en pocas palabras, la supremacía del todo sobre las partes.

Las novedades existen, ciertamente, y no son marginales. Bastará recordar, antes incluso de la elección del gobernante, el carácter derivado, ya no originario y natural, de su poder coactivo. Y,

---

28. *Ibid.*, I, XII, 3.
29. *Ibid.*, I, IX, 9, y también I, XV, 2-4 y I, XVI, 1-25.

sin embargo, una vez situado de verdad fuera de la lógica, en sí deformante, de las «anticipaciones» del derecho moderno, se advierte con relativa facilidad que Marsilio no hace otra cosa que retomar, y quizás llevar al extremo, temas y problemas que estaban bien presentes en toda la precedente reflexión política medieval: el temor a la tiranía y a la división de la comunidad política, la supremacía de la ley como expresión de la totalidad de la comunidad.

Aquella supremacía y esta totalidad son entonces el verdadero hilo conductor, el gran elemento de continuidad en la experiencia constitucional medieval, capaz de manifestarse de maneras bastante distintas: desde la supremacía del parlamento y de las leyes del país en Inglaterra hasta la supremacía del legislador y de la *universitas civium* de Marsilio, probablemente pensada en buena medida en relación con la concreta experiencia de las ciudades de la Italia centro-septentrional. Por tanto, no estamos frente a un Medievo que «anticipa» la Edad Moderna, con sus parlamentos y su soberanía popular. Estamos más bien frente a una edad tan compleja en el plano constitucional que no puede ser contenida en la forma exclusiva de la monarquía moderada, en una edad tan variada y viva que produce construcciones constitucionales como las marsilianas, tan atrevidas que induce a los modernos a vislumbrar en ellas la anticipación de su democracia.

4. *La constitución mixta*

Como recordaremos, el ideal de la constitución mixta ya había sido afirmado por los antiguos, en los términos de un gran proyecto de conciliación social y política, capaz de disciplinar las respectivas funciones del gobernante, de los estamentos aristocráticos, de las fuerzas populares. La constitución mixta representaba la respuesta de los antiguos a la posibilidad, profundamente temida por ellos, de la crisis y de la disolución de la comunidad política. Por este motivo, una de las principales características de la constitución mixta era la del *punto medio*, la de su pertenencia estructural a un campo en el que nunca se realizaban las pretensiones de una única fuerza, de un único factor constitucional. Todas esas fuerzas y todos esos factores eran invitados por el carácter mixto de la constitución a reconocerse recíprocamente en el plano político, a reforzar el principio de la común pertenencia a la misma realidad política, de la común ciudadanía.

Pero la constitución mixta no era sólo el punto medio. Tenía al menos otra virtud, que era la de la estabilidad y la duración. Tal virtud estaba unida, a su vez, al hecho de que la constitución mixta no tenía, no debía tener, un origen, en otras palabras, no era una constitución instaurada, querida por un vencedor. Era más bien una constitución que se había formado en el tiempo, y que se remontaba en el tiempo, era la constitución de los antepasados, la *patrios politeía* de los griegos, o también la *res publica* ciceroniana, formada *saeculis et aetatibus*, con el pasar de los siglos. Si se nos permite un juego de palabras, se podría decir que la constitución de los antiguos es una *constitución antigua*, que reclama para sí el beneficio legitimador del tiempo, y que se representa como algo de lo que sólo temporalmente puede uno desviarse —y eso corriendo graves peligros— como algo a lo que siempre es necesario retornar.

El Medievo, por su parte, no había olvidado desde luego el gran ideal de la constitución mixta. Recordemos cómo una de las páginas más significativas de Tomás de Aquino es aquella en la que la *optima politia*, el régimen político ideal, es la *bene commixta*, la que sabe templar sabiamente el elemento monárquico, adjudicando al rey magistrados y ministros elegidos por el pueblo. Por no hablar, obviamente, del parlamento inglés, en el que incluso físicamente convivían los tres elementos de la constitución mixta, el rey, los *Lords* como expresión de la componente aristocrática, y los *Commons* como expresión de la componente democrática. Sin embargo, los objetivos de la constitución mixta medieval son distintos de aquellos que perseguían los antiguos con su discurso sobre la constitución mixta. Como hemos observado varias veces, para los antiguos la constitución mixta es un ideal político fundante, sirve para reforzar y relanzar la unidad política, como la *polis* griega o la república romana, de la que se teme su incipiente disolución. Nada de todo esto aparece en la Edad Media. En esencia, la constitución mixta sirve en este tiempo para defender el carácter de hecho plural y compositivo de la sociedad y de los poderes que ella expresa, y lo que se teme es el nacimiento de un poder público que rompa este equilibrio, que se sienta legitimado para alimentar sin medida pretensiones de dominio. En pocas palabras, la constitución mixta de los antiguos se dirige a legitimar fuertes poderes públicos comúnmente reconocidos, la constitución mixta medieval se dirige a *limitar* esos mismos poderes.

Éste es el hilo que debemos retomar en referencia a los siglos XVI y XVIII, en el curso de los cuales la constitución medieval se encuentra cada vez más en declive, porque su carácter compositivo y plural es destruido crecientemente, desde su raíz, por parte del cada vez más extenso poder de normación de los soberanos inspirados en lógicas más o menos férreamente absolutistas[30]. Ahora bien, lo que interesa mostrar es cómo en el curso de estos siglos la constitución medieval continúa viva, desarrollando hasta el final su carácter originario de factor agente de límite de todo proyecto de centralización de los poderes públicos, de toda desmedida pretensión de domino en el plano político. Y, aun más, interesa mostrar cómo esta constitución opera en esta dirección precisamente en la forma, que antes hemos puesto en evidencia, de la *constitución antigua*, de una constitución existente de manera mixta desde tiempo inmemorial, que se quiere ahora arbitrariamente simplificar y, en definitiva, negar. Es en este sentido en el que la constitución medieval representa, precisamente en estos siglos, el modelo al que todavía se refieren los principales oponentes a las pretensiones absolutistas de los soberanos.

El primer escenario que a este propósito aparece es el francés de la segunda mitad del siglo XVI, recorrido casi completamente por las guerras de religión entre católicos y protestantes[31]. Como se sabe, éste es uno de los lugares clásicos de la emersión, con una función pacificadora y de neutralidad, de la moderna categoría de soberanía, que de manera más clara se afirmará con el absolutismo político del siglo siguiente[32]. Pero para los hombres implicados en estos grandes trabajos, sobre todo para aquellos que vivieron y padecieron el sangriento episodio de la Noche de San Bartolomé de 1572, con la masacre de los principales exponentes de la aristocracia protestante hugonota, la solución moderna de la soberanía no estaba escrita en las cosas, no era en efecto una solución obligada. Muchos de ellos, precisamente entre las filas de los hugonotes, pensaban en un proyecto distinto de pacificación, en cuyo centro estaba precisamente la constitución mixta, la antigua constitución medieval.

---

30. Para una síntesis de carácter general, véase A. Tenenti, *L'età moderna (XVI-XVIII secolo)*, Bologna, 1990.

31. Un punto de vista cercano al nuestro en N. Matteucci, *Organizzazione del potere e libertà. Storia del costituzionalismo moderno*, Torino, 1988, pp. 19 ss.; trad. cast. *Organización del poder y libertad. Historia del constitucionalismo moderno*, Madrid, 1998.

32. Para este desarrollo y para su mayor intérprete, que seguramente fue Bodino, nos remitimos al siguiente capítulo. En este sentido interpreta los sucesos franceses de la segunda mitad del siglo XVI H. A. Lloyd, *The State, France and the Sixteenth Century*, London, 1983.

El primero entre estos personajes es ciertamente François Hotman (1524-1590), con su *Franco-Gallia*, obra publicada en 1573[33]. Para Hotman no existe ninguna solución política que inventar. Para salir de las dificultades y de las divisiones del presente bastaba con volver a la constitución histórica, a la constitución desgraciadamente olvidada. En esa constitución el rey no estaba limitado sólo en lo referente a las leyes dinásticas y de la alienación de los bienes de la Corona. El límite más relevante era otro, y era el que obligaba al rey a tratar de la *utilitas rei publicae*, el bien común y general del reino, en presencia del consejo público, de los estados generales del reino. Ese consejo no estaba formado sólo por los magistrados del rey, elegidos por él, sino también por los magistrados del reino, que eran tales por dignidad nobiliaria independiente de la influencia regia o por haber sido elegidos como diputados de las provincias. Así, el reino en su conjunto estaba representado por los estados generales, de los que el mismo rey formaba parte, y no por el rey solo. Y esos mismos estados generales eran los verdaderos custodios de la constitución, que Hotman llama *politia*, y entiende como conjunto de «instituciones y costumbres del reino, confirmadas en el curso de los tiempos»[34].

Como se observa, la propuesta de Hotman es inequívocamente de raíz medieval. En efecto, la supremacía de los estados generales coincide con la supremacía de la comunidad política y de su constitución, entendida como el ordenamiento histórico de una comunidad concreta. Desde este punto de vista, lo que Hotman afirma sobre los estados generales no difiere mucho de lo que unos siglos antes se había afirmado a propósito del parlamento inglés. En ambos casos las virtudes de la constitución son las mismas: el hecho de ser «antigua», en el sentido de que está profundamente radicada en la historia de la comunidad; y el hecho de ser mixta, de que considera, junto al rey, la función de los magnates, de los magistra-

---

33. F. Hotman, *Franco-Gallia*, ed. de R. E. Giesey y J. H. Salmon, Cambridge, 1972. Véase también J. H. Franklin, *Constitutionalism and Resistance in the Sixteenth Century. Three Treatises by Hotman, Beza and Mornay*, New York, 1969. En sentido más amplio, véase: W. F. Church, *Constitutional Thought in Sixteenth-Century France*, New York, 1941; A. Lemaire, *Les lois fondamentales de la monarchie française*, Paris, 1906, reed. Genève, 1975; J. H. Franklin, *Jean Bodin and the Rise of Absolutist Theory*, Cambridge, 1973; H. Höpfl, «Fundamental Law and the Constitution in the Sixteenth-Century France», en R. Schnur (ed.), *Die Rolle der Juristen bei der Entstehung des modernen Staates*, Berlin, 1986, pp. 327 ss.; y Q. Skinner, *The Foundations of Modern Political Thought*, Cambridge, 1978; trad. cast. *Los fundamentos del pensamiento político moderno*, 2 vols., México, 1985 y 1986.

34. F. Hotman, *Franco-Gallia*, cit., cap. XXV.

dos, por razones nobiliarias o por elección; y aquel más amplio, del consenso, de la representación de la totalidad de la comunidad política.

Existe sin embargo una novedad, también de notable relieve. Consiste en el hecho de que esta misma constitución medieval es utilizada ahora por Hotman, en el fuego de la polémica política, de manera explícita *contra* el rey, contra sus pretensiones de dominio político. Estamos, pues, sobre un terreno muy distinto de aquel en el que se movían los autores políticos medievales de los siglos XII y XIII, que habían teorizado y admitido, a partir de Salisbury y Tomás de Aquino, el derecho de resistencia. En efecto, este derecho servía para prevenir la condición de la tiranía más que para sancionarla, era ejercitado en la convicción —entonces inquebrantable— de que el gran organismo medieval se recompondría con un rey legítimo a su cabeza, así como querían las leyes naturales y necesarias que regulaban la vida de aquel organismo.

Hotman va mucho más allá en este punto. Él piensa ciertamente que Francia debería buscar el camino de la reconstrucción de su antigua constitución medieval, con la esperanza de encontrar, por esta vía, un rey justo. Pero cuando eso no fuera posible, no duda en afirmar que el pueblo está perfectamente en grado de retomar por sí todo el poder que originariamente tenía, y cuyo ejercicio había confiado en el ámbito de la constitución histórica mixta al mismo rey, porque para Hotman el pueblo existe *antes* que el rey y, por ello, siempre puede existir también *sin* él[35].

Se trata, ciertamente, de un verdadero viraje respecto al ya recorrido acontecimiento histórico de la constitución medieval. En efecto, ahora se afirma lo que ni siquiera el «democrático» Marsilio había osado afirmar, al menos con tanta claridad: que el pueblo puede existir políticamente, como sujeto dotado de constitución, en sí ordenado, incluso sin el rey. Lo que los autores del siglo XIII, como Tomás de Aquino habrían juzgado como algo mostruoso: un cuerpo sin corazón, o sin cabeza, según la conocida metáfora organicista.

Y, sin embargo, como veremos en seguida, el acontecimiento histórico de la constitución medieval no puede decirse —ni siquiera ahora— terminado del todo. La concepción de la constitución como tradición histórica de la comunidad, ordenada según el punto medio y el equilibrio, permanece en efecto bien viva como instrumento esencial de configuración precisamente de aquel pueblo que ahora se entiende como sujeto originariamente dotado de poder, del

---

35. *Ibid.*, cap. XIX.

que deriva el poder del mismo rey. Todo esto emerge con fuerza también en otras obras, posteriores a la *Franco-Gallia*, sobre todo de las *Vindiciae contra tyrannos*, publicadas por vez primera en 1579 bajo el seudónimo Stephanus Junius Brutus y cuya real paternidad es todavía hoy incierta[36].

En las *Vindiciae*, que provienen del mismo ambiente político y cultural hugonoto que había dado origen a la *Franco-Gallia*, se afirma de manera todavía más clara y radical el carácter originario del poder del pueblo: «Desde el momento en que el pueblo elige e instituye al rey, el cuerpo del pueblo es por consecuencia superior a los reyes»[37]. El rey continúa siendo representado como el piloto que guía la nave, pero ahora ya está claro que él es administrador de un bien, la misma nave, que es propiedad de otros, del pueblo.

Pero este pueblo, a su vez, no puede ser la «bestia de un millón de cabezas»[38]. De acuerdo con el modelo medieval de constitución, más bien es representado como un conjunto de estamentos, ciudades, órdenes, provincias, que a través de los estados generales, y de los oficiales y los magistrados del reino, es capaz de expresarse de manera unitaria, de manera ordenada. Más adelante se lee, en el mismo sentido, que «no son los particulares y los individuos los que instituyen al príncipe, sino el conjunto de ellos en su totalidad y considerados como cuerpo»[39].

Se produce así una superación —como antes se decía— sólo parcial de la constitución medieval. Por un lado, ahora es posible pensar en ese «cuerpo», el mismo pueblo, sin el príncipe. Pero, por otro lado, permanece esa misma constitución como criterio de orden del pueblo, que continúa así estando representado, aun en ausencia del príncipe, como un organismo vivo, compuesto de muchos grupos y órdenes, entre ellos en *proporción* y relación armónica, según el principio, natural y necesario, de asociación.

Frente a este pueblo, a esta concreta realidad histórico-constitucional, el rey jura, comprometiéndose a «reconocer el derecho que pertenece a cada uno», a «conservar los derechos, los privilegios y las leyes de Francia», a no «alienar la hacienda» y, en fin, a no imponer tributos o declarar la guerra, o firmar la paz, sin el consen-

---

36. Utilizamos la óptima edición y traducción italiana de Saffo Testoni Binetti (Turín, 1994), de quien también interesa «L'idea di repubblica e il repubblicanesimo ugonotto dopo el massacro di San Bartolomeo»: *Filosofia politica* 12/1 (1998).
37. *Vindiciae*, cit., p. 79.
38. *Ibid.*, p. 48.
39. *Ibid.*, p. 169.

timiento de los estados generales[40]. En realidad, por otro lado, también el pueblo jura fidelidad y obediencia al rey, a través de sus oficiales y sus magistrados. Pero en las *Vindiciae* se precisa cuidadosamente que el rey jura primero, de manera que el pueblo mantiene firme el vínculo de la obediencia a condición de que el rey no infrinja su juramento: en efecto, el pueblo había jurado en segundo lugar y, por ello, consciente de aceptar a un rey, pero sólo a un rey justo, que había sido el primero en vincularse solemnemente frente a él a respetar los derechos, los privilegios y las leyes, en una palabra, la constitución.

De todo esto deriva, como última consecuencia, una cierta configuración del ejercicio del derecho de resistencia contra el rey convertido en tirano o que se está convirtiendo en tal[41]. Ya que el rey, como hemos visto, no ha sido instituido por los individuos, sino por todo el pueblo, es a él en su conjunto, y no a aquellos considerados aisladamente, a quien se atribuye el ejercicio del derecho de resistencia. Pero el pueblo en su totalidad se expresa a este respecto, antes que nada, a través del deber, imputado a los estados generales y a los oficiales del reino, de velar, de amonestar al príncipe, de aconsejarle que no persista en la vía que conduce a la tiranía.

Las *Vindiciae* no se cierran sin embargo en sentido negativo. A los particulares les está explícitamente prohibida la resistencia a las órdenes del soberano, y sólo en casos extremos, cuando todos los principales oficiales y magistrados del reino, o una gran parte de ellos, se han opuesto ya al soberano —en definitiva, cuando el estado de tiranía ya se ha declarado—, es posible la intervención directa del pueblo[42]. Como se ve, también el derecho de resistencia de las *Vindiciae* es hijo de la cultura política medieval, de la que extrae aquel criterio prudencial, ya elaborado por Tomás de Aquino, según el cual resistir de manera desordenada y súbita conduce al pueblo a su división en facciones, y por ello a la aparición de un mal quizás mayor que aquel que se quiere evitar.

Tenemos entonces la realidad nueva de un pueblo sin su príncipe, pero tenemos también la permanencia sólida de la lección medieval, la tendencia clarísima a reconstruir dentro de aquel mismo pueblo *el carácter mixto de la constitución medieval*, con un papel decisivo confiado a la composición aristocrática, a los magis-

---

40. *Ibid.*, pp. 133 ss.
41. *Ibid.*, pp. 149 ss.
42. *Ibid.*, pp. 169 ss.

trados y a los oficiales del reino. Éstos, incluso los elegidos, no responden frente al pueblo, como si se estuviese aquí anticipando la moderna soberanía popular. Por el contrario, ese mismo pueblo se condenaría a sí mismo —y volvería a ser la «bestia» que sólo tenía «cabezas», individuos singulares— si intentase actuar por sí mismo, ignorando las funciones de los magistrados y oficiales y negando, así, la necesaria componente aristocrática de la constitución.

Pero las *Vindiciae* no son un fenómeno aislado. Pertenecen a un tipo de literatura política que en otros lugares, y no sólo en la Francia de las guerras de religión, toma como objeto propio una *res publica* entendida como *res populi*, como modo histórico concreto de organización del pueblo, de asociación, dentro de él, mediante una serie de pactos y de contratos entre órdenes, estamentos, ciudades, provincias. Otro notable ejemplo en esta dirección es la *Politica methodice digesta* de Johannes Althusius (1557-1638), publicada por vez primera en 1603[43].

La problemática contenida en la *Politica* de Althusius es la misma que ya hemos encontrado en las *Vindiciae*, y análogas son sus conclusiones: desde la supremacía del pueblo como realidad originaria constituida por múltiples partes —de la que resulta el carácter derivado de los poderes del rey, adquiridos por él sólo mediante el pacto jurado estipulado con el mismo pueblo—, hasta el derecho de resistencia, también en este caso ejercitado mediante el trámite necesario de los magistrados elegidos por el pueblo[44]. Sin embargo, existe en Althusius una característica original, que conviene resaltar. Se trata de la existencia, bien subrayada en su obra, de un primer y originario pacto, que precede al que después será estipulado entre el pueblo y el rey. Éste es un pacto completamente horizontal, que en realidad está compuesto de múltiples contratos y acuerdos, establecidos entre los órdenes, las ciudades y las provincias, en suma, entre todas las componentes de la que Althusius llama *universalis consociatio*, que no es otra cosa que el pueblo en su totalidad[45].

Pero lo más interesante es el hecho de que Althusius considere este pacto, este conjunto armónico e interdependiente de contratos

---

43. J. Althusius, *Politica methodice digesta*, 3.ª ed., Herborn, 1614, reed. Aalen, 1961. Véase también Íd., «De Regno recte instituendo et administrando. Diputatio politica (1602)»: *Quaderni fiorentini per la storia del pensiero giuridico moderno* 25 (1996), pp. 23 ss., que comprende también los estudios de Michael Stolleis y Giuseppe Duso, además de la nota bibliográfica de Mario Scattola.

44. J. Althusius, *Politica*, cit., cap. XVIII. Los magistrados son denominados aquí «éforos», como en Esparta.

45. *Ibid.*, caps. V y IX.

y acuerdos, como la verdadera *ley fundamental* de la comunidad política, aquello que debe ser preservado de modo absoluto, sobre todo, ante la posible acción de un rey que se convierta en tirano[46]. La ley fundamental no es por ello una proposición abstracta a la que se pueda atribuir un carácter normativo y vinculante en relación con el príncipe, sino algo bastante más concreto que pertenece al mundo de las cosas: es la ley que regula las relaciones entre las partes que componen la comunidad política, asignando a cada una de ellas ámbitos reservados y precisos deberes en relación con la universalidad.

En otras palabras, la ley fundamental es expresión de la unidad, de la existencia de un universal que comprende distintas partes, pero también, y al mismo tiempo, garantía de la permanencia de manera separada de aquellas partes, aún dentro del universal. En definitiva, la ley fundamental es, en el sentido indicado por Althusius, la dimensión normativa propia y específica de la constitución medieval, dentro de la cual la búsqueda de la unidad política se realiza siempre de manera asociativa, construida sobre partes y sujetos distintos que así quieren permanecer, aunque dentro de una más amplia comunidad política. Althusius nos ayuda así a recordar que el carácter mixto de la constitución medieval no es una realidad meramente institucional, que como tal se refiera exclusivamente a la organización de las formas de gobierno, sino que siempre aparece, y en primer lugar, como una realidad social, que se refiere a la cultura y a la mentalidad de aquel tiempo: a la convicción de los hombres de entonces de poder reconocer la unidad política común *sólo* partiendo de realidades políticas *ya formadas,* que constituirían ciertamente parte integrante de aquella unidad, pero siempre sabiendo que existe una ley fundamental que garantiza la permanencia de la específica identidad de cada parte, de cada componente del todo.

Así, la constitución medieval es mixta porque se refiere a una realidad política y social compuesta y plural, opuesta a todo intento de uniformización, dispuesta a reconocerse en una ley fundamental común sólo porque es consciente del hecho de que esa ley no viene de arriba, sino que por el contrario es la síntesis de la pluralidad de pactos y acuerdos que las distintas partes, las distintas realidades territoriales, los distintos órdenes, han estipulado entre ellos. Esos

---

46. *Ibid.,* cap. XIX, 49, para la noción de *lex fundamentalis;* y cap. XXXVIII, para la figura del tirano, que precisamente es el que amenaza «fundamenta et vincula», o también «ipsa fundamenta reipublicae».

pactos y acuerdos no sustituyen a la ley fundamental. Por el contrario, están comprendidos en esa ley y por ello —en definitiva— son confirmados por esa ley.

Sólo a partir de este conocimiento —y sólo si partimos de este concepto general de ley fundamental, de constitución— es posible comprender la compleja dinámica que se desarrolla en el último contexto histórico que proponemos, que es el de Inglaterra en la primera mitad del siglo XVII[47].

Como sabemos, en Inglaterra el modelo de la constitución mixta se había traducido en las formas institucionales del parlamento, según el principio medieval del *King in Parliament*, ya desde el siglo XIV, y había encontrado su precoz y notable intérprete en Bracton[48]. Desde entonces, esa tendencia se había confirmado y estabilizado cada vez más, hasta convertirse en casi un verdadero y auténtico carácter nacional. En este sentido es ejemplar el testimonio contenido en *De laudibus legum Angliae* (1468-1471) de John Fortescue (1394-1476), según el cual Inglaterra se caracteriza por no ser, como otros países europeos, un mero *dominium regale*. La fórmula en la que se expresa el carácter fundamental de la constitución inglesa es más bien aquella del *dominium politicum et regale*, que indica la presencia de un régimen político capaz de asociar al principio monárquico de la unicidad del gobierno el principio, igualmente fuerte y radicado, de la supremacía de la comunidad política, que a su vez se manifiesta en el parlamento como lugar obligado de representación de las distintas componentes, institucionales y territoriales, del reino[49].

---

47. Para un contexto general véase C. Russel, *The Crisis of Parliaments. English History. 1509-1660*, Oxford, 1971. Desde el punto de vista de las doctrinas constitucionales, véanse: J. G. A. Pocock, *The Ancient Constitution and the Feudal Law: a Study of English Historical Thought in the Seventeenth Century*, Cambridge, 1957; G. Burgess, *The Politics of the Ancient Constitution. An Introduction to English Political Thought (1603-1642)*, London, 1992; J. W. Gough, *Fundamental Law in English Constitutional History*, Oxford, 1955; y L. D'Avack, *Dal «Regno» alla «Repubblica». Studi sullo sviluppo della coscienza costituzionale in Inghilterra*, Milano, 1984.

48. Véase *supra*, epígrafe 3.

49. J. Fortescue, *De laudibus legum Angliae*, ed. de S. B. Chrimes, Cambridge, 1949, cap. XIII. Véase también *Sir John Fortescue: On the Laws and Governance of England*, ed. de S. Lockwood, Cambridge, 1997. En este contexto: J. H. Burns, *Lordship, Kingship and Empire. The Idea of Monarchy 1400-1525*, Oxford, 1992; N. Doe, *Fundamental Authority in Late Mediaeval English Law*, Cambridge, 1990; y J. M. Blythe, *Ideal Government and the Mixed Constitution in the Middle Ages*, Princeton, 1992, pp. 260 ss. Para el decisivo aspecto del lenguaje, véase N. Rubinstein, «The History of the Word Politicus in Early-Modern Europe», en *The Languages of Political Theory in Early-Modern Europe*, Cambridge, 1987, pp. 41 ss.

Aproximadamente un siglo después, en la misma línea de Fortescue, Thomas Smith (1513-1577), en su *De Republica Anglorum*, compuesto en 1565, aunque publicado en 1583, indicará de manera todavía más clara que el parlamento es el lugar en el que reside «el supremo y absoluto poder del reino de Inglaterra», porque es allí, y no en otro lugar, donde se realiza el pacífico encuentro entre todas las realidades que en concreto componen el reino, desde el mismo rey y la nobleza más alta hasta los *Commons* expresados por las comunidades urbanas y rurales[50].

Por otro lado, con Smith estamos ya en el umbral del *conflicto constitucional* —del que nos ocuparemos enseguida— que caracterizará la primera mitad del siglo siguiente[51]. Nos damos cuenta de la persistente preocupación de Smith por la clasificación de los poderes propios y específicos del rey, que puede y debe ejercitar solo, como el poder de declarar la guerra, de concluir las alianzas y de firmar la paz, o el poder de nombrar los magistrados y los oficiales del reino; distinguiéndolos lo más claramente posible de los poderes que sólo el parlamento, según el principio del *King in Parliament*, puede y debe ejercitar, como el poder de declarar la ley, de imponer tributos o de administrar los bienes públicos.

En efecto, toda la gran construcción de la constitución mixta inglesa se regía precisamente por este punto preliminar, absolutamente esencial: que siempre fuese posible individuar con claridad los límites entre lo que el rey podía y debía hacer por sí y lo que el rey estaba obligado a hacer en el parlamento; de tal manera que no fuese posible ni una desmedida extensión de las prerrogativas regias en detrimento de la parlamentarias, ni una desmedida extensión de las segundas en detrimento de las primeras, que de esa manera debían comprender al menos el poder diplomático-militar, el poder de nombrar los jueces y los oficiales, el poder de convocar y de disolver el parlamento, y en fin el célebre *Royal Assent*, el poder de veto sobre la ley ejercitado dentro del mismo parlamento[52].

Pues bien, desde nuestro punto de vista, lo más interesante es que la solución que los ingleses buscaron hasta el final para superar el conflicto constitucional —que se abrió progresivamente con la subida al trono de Jacobo I en 1603 y con la difusión también en

---

50. T. Smith, *De Republica Anglorum*, ed. de L. Alston, Cambridge, 1906.

51. Sobre las líneas fundamentales de su desarrollo, véase N. Matteucci, *Organizzazione del potere e libertà*, cit., pp. 56 ss.; trad. cast., pp. 83 ss.

52. Las líneas más claras sobre estos aspectos institucionales se deben a W. Nippel, *Mischverfassungstheorie und Verfassungsrealität in Antike und früher Neuzeit*, Stuttgart, 1980, pp. 218 ss.

Inglaterra de las doctrinas políticas de raíz absolutista— pretendía mantener viva la *ancient constitution*, la tradicional constitución mixta medieval inglesa, que ya desde siglos constreñía a todos los actores políticos a ejercitar la virtud de la moderación, del recíproco y pacífico reconocimiento: una constitución con un firme gobierno monárquico, pero orientada en sentido parlamentario; una constitución que sostenía la relevancia central del parlamento, pero que no ponía en discusión la titularidad regia del gobierno.

De manera no muy distinta a lo que habían hecho los teóricos y los polemistas hugonotes en la Francia de la segunda mitad del siglo XVI, los legistas ingleses y los defensores de las prerrogativas del parlamento usan en su batalla contra el absolutismo político el arma de la *constitución antigua*, el gran argumento del orden que se había ido componiendo, de manera mixta y equilibrada, en el transcurso de varios siglos. La relevancia de este argumento se intuye bien: quien amenaza este orden amenaza a la misma constitución, es enemigo de la constitución[53].

Así, en la Inglaterra de la primera mitad del siglo XVII la constitución mixta, antigua en cuanto que era fruto de todo el desarrollo de la experiencia político-constitucional medieval, vive su última gran estación. La advertimos ya en 1610, cuando James Withelocke (1570-1632), magistrado e historiador, se alza en la Cámara de los Comunes, el 29 de junio, para condenar el intento del rey de imponer tributos sin el consentimiento del parlamento[54]. El rey fue condenado por «subvertir la ley de Inglaterra», por introducir una nueva forma de gobierno, contraria a la constitución. Lo que resulta subvertido no es una simple disposición de poderes, una mera atribución de competencias. De hecho, con la prerrogativa parlamentaria en materia de tributos se pone en discusión la *ley fundamental*, el mismo orden constitucional, en el que se reconocen las distintas partes y componentes del reino, vinculadas entre ellas por una serie

---

53. Sobre estos aspectos son esenciales los ensayos de Gerald Stourzh. Nos limitamos a señalar: G. Stourzh, «Staatsformenlehre und Fundamentalgesetze in England und Nordamerika im 17. Und 18. Jahrhundert. Zur Genese der modernen Verfassungsbegriff», en R. Vierhaus (ed.), *Herrschaftsverträge, Wahlkapitulationen, Fundamentalgesetze*, Göttingen, 1977; e Íd., «Constitution: Changing Meanings of the Term from the Early Seventeenth to the Late Eighteenth Century», en T. Ball y J. G. A. Pocock (eds.), *Conceptual Change and the Constitution*, Lawrence, Kan., 1988, pp. 35 ss.

54. La parte más relevante del discurso se encuentra en *The Stuart Constitution. 1603-1688. Documents and Commentary*, ed. de J. P. Kenyon, Cambridge, 1969, pp. 70-71.

de pactos y acuerdos, que culminan después en esa misma ley, y, en particular, en este caso, en la necesaria aprobación parlamentaria en materia tributaria. En realidad, lo que Withelocke dice no es muy distinto de lo que algunos años antes había escrito Althusius, si bien de manera más doctrinal y menos inmediata.

Pero aún hay algo más en Inglaterra. Gracias sobre todo a la figura de Edward Coke (1552-1634), esa misma ley fundamental, esa misma constitución antigua emerge en un plano más directamente jurídico-normativo, en calidad de *common law*, capaz de circunscribir, mediante la obra de los jueces, la fuerza de la misma ley del parlamento[55]. Según Coke, si ese parlamento hubiera traicionado su naturaleza —profundamente medieval— de alta corte de justicia, los jueces no hubieran tenido que dudar en no aplicar su ley; y de esa manera hubieran tenido que trabajar, con el instrumento de la interpretación, para reconducir esa ley, según la expresión más recurrente de la obra de Coke, a una dimensión y a un significado conforme a la *ancient common laws and customs of the realm*, a las antiguas leyes comunes y costumbres del reino.

De nuevo, lo que late en esta expresión de Coke es la declinación en plural, que corresponde perfectamente a la naturaleza mixta y compuesta de la constitución histórica que se quiere defender contra las amenazas del absolutismo político. En realidad, lo que se defiende es ese conjunto de leyes profundamente radicadas en la historia de la comunidad política, de costumbres, de pactos y de acuerdos entre los distintos componentes del reino, que en su conjunto dan como resultante la ley fundamental, la *common law*, la misma constitución, en una palabra. No una norma abstracta, por algún misterioso motivo «superior» a la ley del parlamento, como si se estuviese aquí anticipando la moderna jerarquía de las fuentes de derecho y el moderno control de constitucionalidad, sino una norma que corresponde —en concreto— a la historia del reino y de sus múltiples articulaciones sociales e institucionales, que el parlamento, en su función tradicional de alta corte de justicia, debe mantener en equilibrio emanando leyes justas que reconozcan el derecho de cada uno, que no privilegien

---

55. E. Coke, *Reports (1600-1659)*, London, 1826; Íd., *Institutes of the Laws of England (1628-1644)*, reed. en *Classics of the English Legal History in the Modern Era*, ed. de D. S. Berkowitz y S. E. Thorne, New York, 1979. Sobre Coke, en concreto, véase: J. W. Gough, *Fundamental Law*, cit., cap. III; J. Beauté, *Un grand juriste anglais: Sir Edward Coke*, Paris, 1975; y J. R. Stoner jr., *Common Law and Liberal Theory. Coke, Hobbes and the Origins of American Constitutionalism*, Lawrence, Kan., 1992.

o penalicen de manera arbitraria. Ésta es la función de los jueces de Coke, colocados como centinelas en el corazón del sistema constitucional, con la finalidad de garantizar que la más alta expresión de ese sistema, el mismo parlamento, no cambie su naturaleza, no traicione su misión.

Toda esta admirable construcción histórica —sacudida por el conflicto entre rey y parlamento durante los cuatro primeros decenios del siglo— encuentra su dramático epílogo en el curso de los años cuarenta, cuando aparece claro que ese conflicto ya no puede ser resuelto con los instrumentos tradicionales, dentro de la constitución mixta históricamente reconocida. El 1 de junio de 1642 el parlamento, es decir, los *Lords* y los *Commons* conjuntamente, presenta al rey las célebres diecinueve proposiciones. En ellas está contenida, de manera inequívoca, la subversión de la *ancient constitution*, y en particular de su necesario carácter mixto[56]. Lo que se quiere sustraer al rey es el corazón mismo de su poder de gobierno, que consistía en el poder de nombrar a los consejeros, jueces, oficiales del reino y jefes militares: todos ellos deberían ahora recibir la aprobación del parlamento. Si eso hubiese sucedido, se hubiera roto sin duda el tradicional equilibrio que comprendía una monarquía ampliamente limitada por el parlamento pero también la titularidad regia del gobierno y, antes que nada, en este ámbito, de los poderes de nombramiento. En otras palabras, la antigua constitución mixta prohibía la monarquía absoluta, pero también, e inseparablemente, la parlamentarización del gobierno.

Tenía razón el rey, en su respuesta a las diecinueve proposiciones, al sostener que éstas, de haberse asumido y realizado, habrían conducido a una «total subversión de las leyes fundamentales y de la excelente constitución de este reino que ha conducido a esta nación por muchos años a un alto nivel de fama y de felicidad»[57]. El rey defendía así sus propias prerrogativas y sus propios poderes de gobierno y nombramiento, pero de esta manera defendía también —de manera sincera y convincente— la misma constitución, y en particular su carácter mixto, que le obligaba a no adentrarse en el camino de la monarquía absoluta, pero que obligaba también al parlamento a no emprender la vía de la sistemática demolición de su potestad de gobierno.

---

56. El texto de las diecinueve proposiciones se encuentra en *The Stuart Constitution*, cit., pp. 244 ss.

57. También la respuesta del rey se encuentra en *The Stuart Constitution*, cit., pp. 21 ss.

El hecho de que la propuesta del rey fuese enseguida objeto de duras críticas por ambas partes demuestra que la situación estaba precipitándose. Para los sostenedores de la monarquía era una propuesta demasiado moderada que se limitaba a defender los poderes esenciales de gobierno, pero que desde un punto de vista más amplio conducía ahora —de manera explícita— a admitir que el rey no era otra cosa que uno de los tres factores históricos de la constitución, junto a los *Lords* y a los *Commons*, que podían por ello reivindicar una condición de absoluta paridad respecto al mismo rey. Para los sostenedores de las exigencias del parlamento, la respuesta del rey —más allá de los nobles giros de palabras sobre la constitución mixta— era en esencia un rechazo rotundo, que demostraba su intención de hacerse tirano, de retomar la vía de la monarquía absoluta.

Los últimos intentos de mediación estaban destinados al fracaso. En 1643 Philip Hunton publicó su *Treatise of Monarchie*, donde intentaba demostrar que la antigua constitución mixta inglesa se había convertido en la soberanía del parlamento inglés, dentro del cual convivían los tres factores históricos de esa constitución[58]. Pero la glorificación del parlamento no resolvía ningún problema, ya que dejaba irresuelto el problema decisivo del gobierno, que el rey no podía y no quería considerar como expresión de ese mismo parlamento en su conjunto, con el necesario concurso de las otras dos ramas. En el mismo año, un anónimo e influyente ensayo, titulado *Touching the Fundamental Laws, or Politique Constitution of this Kingdom*[59], lamentaba el hecho de que las dos partes en conflicto considerasen sus recíprocas relaciones como algo a regular sobre un plano meramente contractual, olvidando prácticamente su común pertenencia a la misma *constitución política*, es decir, a la misma historia que había asignado puestos y funciones definidas a esas partes dentro del común organismo político.

Lo que ocurrió después es bien conocido. En los tres primeros meses de 1649 se verifican dos eventos grandiosos: la condena a muerte del rey y la abolición de la Cámara de los *Lords*. Desaparecen así las bases históricas de la constitución mixta. Por otro lado, en los años inmediatamente precedentes, el movimiento democrático de los *Levellers* había abierto nuevos horizontes invocando el

---

58. Sobre Hunton véase C. H. McIlwain, *Constitutionalism and the Changing World*, cit., pp. 196 ss.

59. Sobre el que ha llamado la atención de manera particular J. W. Gough, *Fundamental Law in English Constitutional History*, cit., cap. VII.

originario poder del pueblo de Inglaterra entendido indistintamente: una representación política estructurada en una única Cámara que en los momentos extremos del movimiento se quería elegida por sufragio universal, una constitución escrita que sirviese para la protección de los *native*, o *common, rights*, de los derechos originarios de los ciudadanos ingleses[60]. Un mundo completamente nuevo, como se aprecia con claridad.

Y, sin embargo, la constitución escrita que después efectivamente se hizo, el célebre *Instrument of government* de 1653, obra de la dictadura de Cromwell y no ciertamente del parlamento o del pueblo[61], sólo en parte permanecía fiel a los ideales políticos de la revolución. Entre los distintos puntos de divergencia, uno puede señalarse como conclusión. Se trata de la presencia de un «magistrado jefe», denominado «*Lord* Protector», a quien se confía un fuerte y distinto poder ejecutivo que en gran medida sólo podía ejercerse a través del parlamento, pero que de todas maneras comprende la titularidad de un verdadero y auténtico poder de veto, aunque sólo suspensivo, en relación con las leyes del parlamento. Al ser llamados a poner por escrito la disciplina de su forma de gobierno, los ingleses recurrieron de nuevo a la lógica del contrapeso entre los poderes que indudablemente era hija de la noble y sobresaliente historia de su constitución mixta. Esta última, privada de sus tradicionales bases, había agotado históricamente esa función general de representación del orden social, político e institucional que la había hecho grande y central en el curso de la Edad Media. Pero de manera distinta y sobre otro plano, ya en plena Edad Moderna y en contacto con la realidad integralmente nueva de la soberanía política, la exigencia de limitar, de contrapesar, de moderar y de equilibrar aparecerá enseguida en escena.

---

60. Véanse en este sentido los distintos *Agremeents* del libre pueblo de Inglaterra en *Puritanism and Liberty (1647-1649)*, ed. de A. J. P. Woodhouse, London, 1950. Véase también P. Adamo, *La libertà dei santi. Fallibilismo e tolleranza nella rivoluzione inglese. 1640-1649*, Milano, 1998.

61. El texto, en *The Stuart Constitution*, cit., pp. 342 ss.

3

LA CONSTITUCIÓN DE LOS MODERNOS

1. *Soberanía contra constitución*

Como hemos visto, la constitución medieval es en su esencia histórica una constitución mixta. En el momento culmen de la experiencia política medieval esa constitución sirve para sostener la idea de la *potestas temperata*, es decir, una imagen y una práctica del poder monárquico limitado por los otros componentes de la constitución y, antes de nada, por instituciones dentro de las cuales pueden decirse representadas las distintas partes de la comunidad política. Sucesivamente, en el siglo comprendido entre la mitad del siglo XVI y la mitad del XVII, la constitución medieval continuará operando en profundidad en la realidad y en la cultura política de su tiempo, sosteniendo la necesidad de contraponer a todo intento unilateral de síntesis el modelo histórico de la constitución mixta, de un prudente y razonable equilibrio entre las distintas componentes de la misma constitución.

También hemos visto, en este sentido, cómo los dos grandes escenarios dentro de los cuales se produce el enfrentamiento entre absolutismo político y constitución mixta eran respectivamente el francés de las guerras de religión y el inglés de la lucha entre monarquía y parlamento. Ahora debemos retomar el hilo de estos acontecimientos desde un punto de vista divergente e incluso opuesto respecto a la tradición medieval: el de las *doctrinas de la soberanía*. Estas doctrinas aparecen desde distintos aspectos en los orígenes de la constitución de los modernos, partiendo precisamente de una valoración de nuestra constitución mixta.

El profundo estado de conflicto y, en ciertos casos, de verdadera y propia guerra civil, como en la Francia de las guerras de religión o la Inglaterra de los años cuarenta del siglo XVII, ya no se interpreta en clave de una culpable «desviación» de la originaria constitución mixta. Como consecuencia, esta última ya no se ve como el pacífico y armonioso requisito histórico al que era necesario volver cuanto antes, precisamente para salir del insoportable conflicto existente. Al contrario, las doctrinas de la soberanía, que en este sentido se expresan de manera plena y radical en la obra de Thomas Hobbes (1588-1679), señalaron precisamente en la larga vigencia de la constitución mixta la causa primera y más relevante del conflicto y de la guerra civil.

En otras palabras, se había llegado inevitablemente a ese conflicto y a esa guerra porque durante demasiado tiempo se había eludido la pregunta fundamental sobre la titularidad de la *potestas* pública y, así, se había terminado por perder totalmente el centro de gravedad del sistema social y político. En suma, se deducía que un orden como el inherente a la constitución mixta medieval, fundado sobre una vasta y permanente pluralidad de acuerdos y de convenios, contrario a todo intento de síntesis, tenía que producir al fin anarquía y guerra civil, como en efecto estaba sucediendo.

Sin embargo, una conclusión tan drástica y clara sobre la constitución medieval encontró dificultades para manifestarse de manera plena durante un tiempo. La figura más emblemática en este sentido, en cuya obra encontramos ya bien expresados los caracteres de la moderna soberanía aunque todavía con presencia de una buena parte de la tradición medieval, es seguramente Jean Bodin (1529-1596), el autor de *Les six livres de la République*, publicados por vez primera en París en 1576[1].

No existe ninguna duda sobre la presencia en esta obra de la dimensión, nueva e inédita, de la soberanía (*souveraineté, summa potestas*)[2]. La novedad consiste, en primer lugar, en el hecho de que

---

1. Se utiliza aquí la buena traducción italiana: J. Bodino, *I sei libri dello Stato*, ed. de M. Isnardi Parente y D. Quaglioni, Torino, 1964-1997, a la que reenviamos para las necesarias indicaciones bibliográficas. En castellano no existe ninguna traducción moderna completa: Pedro Bravo Gala editó una selección (*Los seis libros de la república*, Madrid, 1986) y José Luis Bermejo la antigua traducción de Gaspar de Añastro Isunza (*Los seis libros de la república*, 2 vols., Madrid, 1992). Desde un punto de vista cercano al nuestro, resultan esenciales: S. Goyard-Fabre, *Jean Bodin et le droit de la République*, Paris, 1989; J. H. Franklin, *Jean Bodin and the Rise of Absolutist Theory*, Cambridge, 1973; y D. Quaglioni, *I limiti della sovranità. Il pensiero di Jean Bodin nella cultura politica e giuridica dell'età moderna*, Padova, 1992.

2. J. Bodino, *I sei libri*, cit., I, caps. 8 y 9.

Bodino no procede por vía de análisis, partiendo de la enumeración de los poderes y de las prerrogativas del soberano, sino por vía de síntesis, intentando descubrir la *naturaleza* de los poderes que pertenecen al soberano. El rey no es soberano porque sea titular de múltiples y vastos poderes, sino porque esos poderes están dotados, en él y sólo en él, de un carácter particular, el de la soberanía. Para que tal carácter esté presente es necesario que el poder del soberano sea *perpetuo y absoluto*.

Comencemos por el primer aspecto. Por poder «perpetuo» Bodino entiende esencialmente un poder no revocable, que es tal en primer lugar porque no ha sido conferido por otro poder, no es por ello fruto de una delegación. Bodino polemiza aquí, implícita y explícitamente, con aquella corriente de la tradición medieval que en el rey veía el *summus magistratus* que en origen había recibido su poder del conjunto de la comunidad, frente a la que se había comprometido. Un rey de tal género no podía ciertamente llamarse soberano precisamente por el hecho de que su poder era recibido, y no era por ello «perpetuo», sino que, por el contrario, siempre estaba sometido a la posibilidad de la revocación. En otras palabras, un poder es soberano cuando puede llamarse *originario*, es decir, cuando no deriva de otro poder.

Pero Bodino persigue un objetivo bastante concreto. Intenta, de esta manera, introducir un criterio seguro para distinguir entre el poder del rey y el poder de los magistrados, y en general de todos aquellos que ejercitan poderes de *imperium* en la Francia de su tiempo. En efecto, tales poderes, por vastos que puedan ser, siempre derivan de un título que originariamente los ha formado, de una comisión, de una delegación, de un nombramiento, de la constitución de un beneficio concreto. Ahora bien, Bodino no pretende de ningún modo que todos estos poderes sean superiores al rey, de manera que ellos en conjunto puedan revocarle. El suyo no es de ningún modo un proyecto de nivelación, de radical negación del carácter complejo y compuesto de la constitución francesa de su tiempo. Quiere más bien afirmar la necesidad de *un poder* cualitativamente distinto a todos los demás, capaz, por su carácter intrínseco, de expresar la necesidad de una dimensión fija y constante en la vida concreta de la *res publica*, es decir, «perpetua» en el sentido de sustraída por su naturaleza de la infinita cadena medieval de los poderes derivados, constituidos en sentido particular, siempre más o menos fácilmente revocables.

Con Bodino se produce la primera verdadera ruptura del ordenamiento medieval de los poderes. Consiste, desde el punto de vista teórico, en la conciencia adquirida de la imposibilidad de mantener pacífica y armónicamente ese ordenamiento, que ahora, para salvarse y evitar el conflicto, necesita admitir en su interior la presencia de un poder de naturaleza distinta, de un poder originario y soberano. En suma, lo que ya no funciona bien es la gran idea medieval del organismo político que, por el hecho mismo de existir, presupone la presencia de un corazón, de un centro motor. Ahora, este corazón ya no late necesaria y naturalmente. Y es por ello necesario injertar, precisamente en el centro del organismo político, un poder dotado de una nueva fuerza suplementaria, desconocida hasta ese momento.

Este poder soberano no sólo es perpetuo, sino también absoluto. Esto no significa que carezca de límites. Al contrario, desde este punto de vista puede decirse que Bodino está profundamente ligado a la tradición medieval. De ella deriva la necesidad de, al menos, dos límites. El primero viene unido a la distinción entre rey y Corona, con la consecuente imposibilidad de cambiar las leyes que regulan la sucesión al trono y de alienar los bienes que forman parte de la hacienda pública. El segundo, aún más importante, viene unido a la existencia de un derecho profundamente radicado en las cosas y en los bienes, que regula la pertenencia de éstos a los súbditos tomados individualmente, a las familias, a las comunidades rurales y urbanas. Este «derecho de los particulares» —como podemos decir usando un lenguaje de tiempos más recientes— no está a disposición del soberano, no puede ser libremente alterado por su voluntad discrecional. Al contrario, está bien claro —y Bodino lo repite innumerables veces— que el soberano que entra en esa esfera, por eso mismo, acepta usar el mismo derecho que los particulares usan entre ellos. También para Bodino, bajo la guía de la tradición medieval, sirve la gran máxima según la cual tirano es el que pretende tomar libremente los bienes de sus súbditos.

Pero, entonces, ¿qué significa poder absoluto? Significa que en una comunidad política bien ordenada, que realmente aspira a evitar el conflicto y sobre todo el peligro de su disolución, existen prerrogativas y poderes que no pueden ser objeto de *convenios*, que no pueden ser *compartidos*. Mirándolo bien, el absolutismo del poder soberano deriva de la primera característica de ese poder, del que hemos partido, que consiste en el hecho de ser perpetuo, en el sentido de originario. Un poder de este género, precisamente porque no deriva de otros poderes, no tiene y no debe tener otros poderes, anteriores a él ni junto a él, con los que esté de algún modo obligado a asociarse, a pactar, a compartir. En otras palabras, el absolutismo del poder soberano coincide con su *indivisibilidad*. El poder soberano no es por ello un poder ilimitado. Es más bien un poder que por su naturaleza escapa de la dimensión constitucional del *control* y del *contrapeso* por parte de otros poderes[3].

Bodino procede también a enumerar de manera clara y definida los poderes y las prerrogativas que forman parte del núcleo duro de la soberanía, y que por ello no pueden ser compartidas: el poder de dar y anular leyes, el poder de declarar la guerra y de firmar la paz, el poder de decidir en última instancia sobre las controversias existentes entre los súbditos, el poder de nombrar a los magistrados y, en fin, también el tan discutido poder de imponer los tributos[4]. Como se aprecia con claridad, la puesta en juego es bien concreta, se refiere a esos mismos poderes sobre cuya titularidad tanto se había afanado la reflexión medieval y sobre los que enseguida se produciría en Inglaterra el conflicto constitucional que ya conocemos.

Y bien, la respuesta de Bodino, consecuente con su doctrina de la soberanía, es bastante clara y atrevida. El *régimen político* —el *éstat* en el texto de Bodino— sólo puede asumir *tres formas*: la monárquica cuando los poderes soberanos son de titularidad del rey, la aristocrática cuando esos mismos poderes son de titularidad de un estamento reducido y cualificado reunido en asamblea, y la democrática cuando tal asamblea tiende a expresar la voluntad de la mayoría de los ciudadanos[5]. Contra toda la tradición, primero antigua y después medieval, Bodino niega que pueda existir una *cuarta forma* de carácter mixto y, sobre todo, que ésta sea la forma ideal. Una situación en la que el pueblo con su asamblea, más o menos condicionada por la presencia de la componente aristocrática, concurra de manera más o menos decisiva a la formación de la ley y al nombramiento de los magistrados, y en la que permanecen al menos prerrogativas esenciales de exclusiva titularidad del rey, es para Bodino una situación simplemente sin forma, en espera de definirse a favor de uno de los factores de la constitución. Y es bueno que tal definición suceda cuanto antes, si no se quiere que se disuelva todo el sistema, todo el orden político.

Es bien conocido que Bodino prefiere la solución de la soberanía monárquica. Pero una vez adquirido este dato firme, en realidad el discurso se reabre, ya que se trata de dar a este régimen

---

3. Sobre estos temas, también con referencia a Bodino, véase C. H. McIlwain, *Constitutionalism and the Changing World*, New York, 1947, pp. 23 ss.
4. J. Bodino, *I sei libri*, cit., I, cap. 10.
5. *Ibid.*, II, cap. 1.

político monárquico un gobierno. En efecto, la mayor contribución de Bodino está precisamente en la distinción entre *éstat* y *gouvernement*, entre *régimen* y *gobierno*[6]. Si desde el punto de vista del régimen se define quién es el titular de los poderes soberanos, desde el punto de vista, distinto y diferente, del gobierno se define cuál es la función, junto al soberano, de todos aquellos que están dotados de poderes con relevancia pública, desde los estados generales y los parlamentos hasta los magistrados y oficiales del reino.

Y bien, Bodino deduce que desde el punto de vista del gobierno el óptimo régimen monárquico es el «bien regulado por el uso moderado de ciertas asambleas de estados, cuerpos y comunidades», el régimen dentro del cual los cuerpos consultivos y los magistrados «tienen su autoridad ordinaria y legítima»[7]. En suma, sería insensato el poder monárquico soberano y absoluto que pretendiese gobernar por sí solo, renunciando a la ayuda y al consejo de las asambleas y de los magistrados. Bodino aprecia que en una situación de este género existe el peligro del aislamiento del soberano, obligado cotidianamente a desgastar en la actividad de gobierno su prestigio, su autoridad, su soberanía, en definitiva.

He aquí por qué, finalmente, la fórmula política ideal para Bodino es la del régimen monárquico provisto de un gobierno «mixto y temperado», capaz en cuanto tal de valorar las componentes populares y aristocráticas[8]. La solución final de Bodino es verdaderamente ingeniosa. En efecto, consigue recuperar, desde el punto de vista del gobierno, gran parte del instrumental de la constitución mixta medieval, hasta admitir que determinados poderes soberanos —como el de imponer tributos— puedan y deban ser ejercidos, en general, con el consenso de las asambleas, de los estados generales. Pero todo esto no hace mella en el plano, distinto y diferente, del régimen político, de la atribución de la soberanía, que permanece en todo caso totalmente en las manos del monarca.

Y, en efecto, el desenvolvimiento de los cuerpos consultivos y de los magistrados en el ejercicio de verdaderos y propios poderes soberanos se produce exclusivamente en el plano del gobierno, que es el plano del arte de la política, de la oportunidad y de la conveniencia, de la prudencia y del equilibrio, sin que esto signifique de ninguna manera redefinir las características esenciales del régimen

---

6. *Ibid.*, II, caps. 2 y 7.
7. *Ibid.*, III, cap. 7, y IV, cap. 6.
8. *Ibid.*, III, cap. 7, y VI, cap. 6.

político ni la puesta en discusión, o el reparto parcial, de la soberanía del monarca.

La constitución mixta medieval sobrevive todavía, pero reducida a ser —como máximo— un conveniente y reconocido modo de organizar el gobierno. A través de ella ya no se alcanzan las características fundamentales de la comunidad política, que por el contrario vienen dadas por el *tipo de régimen político* en ella presente. Para comprender esas características ahora es necesario preguntarse quién es el soberano, en qué lugar y en qué sujeto están fundados los poderes soberanos. En otras palabras, ya no se dirá que Francia tiene una constitución monárquica mixta y temperada, sino que Francia tiene una monarquía que gobierna de modo mixto y temperado.

Esta idea, que verdaderamente recorre toda la obra de Bodino, según la cual incluso el más complejo y mediato de los gobiernos no puede ni debe hacer mella en el núcleo duro del régimen político, dentro del cual está contenido el momento de la soberanía, es *la primera gran idea* que está en los orígenes de la constitución de los modernos. En efecto, esta constitución comienza a nacer en el momento en el que comienza a hacerse fuerte y sensible la necesidad de individuar un núcleo rígido e inalterable del poder político, sustraído por su naturaleza a la fuerza corrosiva del intercambio, de lo pactado.

Obviamente, con Bodino sólo se da un primer paso en esta dirección. En su obra aparece el problema moderno de la soberanía, pero no se explica ni mucho menos se resuelve. Lo demuestra el hecho de que nunca se preocupa de analizar en serio la razón profunda de la separación, de la diferencia, entre régimen y gobierno, del exceso del primero respecto al segundo. En pocas palabras, en su obra no se encuentra una verdadera y propia búsqueda del *fundamento* de la soberanía.

Este posterior y decisivo paso fue dado por Thomas Hobbes, en concreto con su *Leviatán*, publicado en 1651[9]. Hobbes escribe inmediatamente después de los dramáticos sucesos de 1649: la condena a muerte del rey, la abolición de la Cámara de los Lores, la caída de la tradicional constitución mixta inglesa, el nacimiento de

---

9. También, en este caso, nos servimos de la traducción italiana: Th. Hobbes, *Leviatano*, ed. de A. Pacchi, Roma-Bari, 1994. En castellano puede utilizarse la edición de Carlos Mellizo: *Leviatán*, Madrid, 1989 (existe reed.). Para el lector italiano es obligada la referencia de al menos dos obras: N. Bobbio, *Thomas Hobbes*, Torino, 1989, y T. Magri, *Hobbes*, Roma-Bari, 1994. Para la inserción de Hobbes en los acontecimientos políticos de su tiempo es útil la lectura de J. P. Sommerville, *Thomas Hobbes: Political Ideas in Historical Context*, London, 1992.

la república. Su juicio sobre todo esto es muy claro. A ese epílogo dramático se había llegado porque durante demasiado tiempo se había prestado atención a las falsas doctrinas de la constitución mixta y de la monarquía mixta, que habían incitado a los actores políticos a confiar en la existencia de un orden compuesto y equilibrado, profundamente radicado en la historia del reino. En realidad, se había llegado a una situación en la que la cosa pública, la *Commonwealth*, el Estado, en una palabra, se dividía cada vez más «en tres facciones», que aspiraban cada vez más abiertamente a la conquista del poder soberano. Una situación de este género era inevitablemente la premisa de la guerra civil[10].

Si se quiere salir de esta peligrosa condición es necesario decidirse de manera clara y firme, individualizando *un solo sujeto* titular irrevocable de los poderes soberanos, que son para Hobbes los mismos que había individualizado Bodino: el poder de dar y anular la ley, el poder de declarar la guerra y de firmar la paz, el poder jurisdiccional, en última instancia, el poder de nombrar los magistrados y los funcionarios. Cuando la individualización de este sujeto y la atribución de estos poderes no son firmes y claras, la asociación política está en peligro, la disolución del Estado es posible en cualquier momento.

En un pasaje justamente célebre, Hobbes considera esta operación de individualizar al soberano y a sus irrevocables poderes como la única y verdadera gran necesidad de la asociación política, la única y verdadera *ley fundamental*:

> [...] ley fundamental es en todo Estado aquella que, si se anula, el Estado se derrumba y disuelve por completo, lo mismo que un edificio cuyos cimientos son destruidos. Por tanto, una ley fundamental es aquella en virtud de la cual los súbditos están obligados a mantener todo poder dado al soberano, ya sea éste monarca o una asamblea soberana, sin el cual el Estado no puede subsistir. Tal es el poder de hacer la guerra y la paz, el de judicatura, el de elección de oficiales y el de procurar todo lo que sea necesario para el bien público[11].

Con esto, la despedida de la constitución medieval está ahora ya señalada de manera firme. En vez de una pluralidad de leyes fundamentales, llamadas a definir en su conjunto el puesto y la

---

10. Th. Hobbes, *Leviatano*, cit., cap. 29, en el que aparece de manera más clara las críticas a la constitución mixta.
11. *Ibid.*, p. 237. El pasaje pertenece al capítulo 26 (p. 232 en la ed. de C. Mellizo).

función de los distintos componentes de la constitución y de los diferentes poderes presentes en ella, ahora se tiene *una única* ley fundamental, que exige preservar la integridad de los poderes soberanos, ya que tal integridad, y sólo ella, es para Hobbes absolutamente necesaria para el mantenimiento del orden político, y por ello fundamental, en el sentido de inherente al fundamento primero de la convivencia civil y política.

Con esto se ha recorrido un trecho consistente más allá del punto que ya Bodino había alcanzado. En efecto, Hobbes afirma, de manera bien firme y clara respecto a Bodino, que sin soberanía ya no existe ninguna esperanza de orden político. Si la constitución puede considerarse, sobre la base de la misma tradición antigua y medieval, como una condición en la que es posible un proyecto de convivencia civil suficientemente ordenada y duradera, es necesario entonces concluir con Hobbes que *ninguna constitución es posible sin soberanía*.

Hobbes no se limita sólo a despedir a la constitución medieval. Su soberanía presenta también un elemento constructivo, una propuesta a partir de la cual es posible pensar en una constitución distinta y nueva, que ya podemos calificar aquí como la *constitución de los modernos*. Ciertamente, no es casual que el otro polo de la reflexión de Hobbes sea aquel, bien conocido, del estado de naturaleza, dentro del cual los sujetos protagonistas son ahora sólo y exclusivamente los individuos, tomados en sí.

Esos individuos, que en las páginas de Bodino aparecían esporádicamente y siempre vestidos de súbditos, de destinatarios de las leyes del soberano, son ahora colocados por Hobbes en la base de la asociación política, en el sentido de que ella nace de la originaria decisión que los individuos toman para salir del estado de naturaleza. Éste es un paso que Bodino nunca habría dado, que incluso le hubiera parecido destructivo, ya que está en contradicción manifiesta con el carácter primero del poder soberano, que es el de no estar derivado, no ser fruto de otra voluntad.

En efecto, éste es el dilema del cual el mismo Hobbes debe salir, el de un poder soberano pero artificial, ya que en origen es generado por la voluntad de los individuos. Es decir, es necesario configurar un particular tipo de voluntad, suficientemente fuerte para ser capaz de instituir el poder soberano común, pero al mismo tiempo destinada a desaparecer en él, de manera tal que nunca pueda ser el fundamento de una oposición al soberano, que ponga en crisis la ley fundamental que ya conocemos, que exige la preservación de la integridad de los poderes soberanos.

Para este fin, Hobbes prepara dos dispositivos teóricos: *la autorización* y *la representación*. El primero indica el momento en el que los individuos, absolutamente iguales entre ellos en el estado de naturaleza, y por eso mismo sometidos al peligro del ilimitado deseo de cada uno de adueñarse de todos los bienes, deciden, precisamente para salvar del conflicto sus vidas y sus personas, salir de esa precaria condición e instituir un poder soberano común. Hobbes indica incluso la fórmula que él imagina que pronunciaría cada uno de los individuos:

> Autorizo y concedo el derecho a gobernarme a mí mismo, dando esa autoridad a este hombre o a esta asamblea de hombres, con la condición de que tú también le concedas tu propio derecho de igual manera, y les des esa autoridad en todas sus acciones[12].

Existe un primer aspecto que hay que tener en consideración. La voluntad de instituir el común poder soberano —de un hombre o de una asamblea, como dice Hobbes— no puede ser completamente representada como la voluntad de un sujeto unitariamente entendido. En el estado de naturaleza de Hobbes no está presente ningún «pueblo», o «sociedad civil», sólo están presentes, sólo y exclusivamente, los individuos. Pero cada uno de ellos —como hemos visto— reconoce y autoriza al soberano a condición de que todos los otros simultáneamente hagan lo mismo.

Evidentemente, para el soberano el resultado es totalmente tranquilizador. A él no puede oponerse ninguna originaria voluntad constitutiva, que como tal no existe en el plano colectivo. Y, por otra parte, está bien claro en la construcción de Hobbes que ese individuo singular o esos individuos, pocos o muchos, que intentaren poner en discusión los poderes soberanos, terminarían inevitablemente por violar no sólo la ley fundamental general que ya conocemos, que exige preservar la integridad de esos poderes, sino también el compromiso que los liga a todos los otros individuos, que junto a ellos habían originaria y simultáneamente reconocido el mismo soberano. Nadie razonablemente se expondrá al riesgo inherente a la oposición al soberano.

Pero todavía hay más. En realidad, gracias al mecanismo de la autorización los individuos ponen en movimiento la eficacísima máquina de la *representación*, que los conduce finalmente a convertirse en pueblo, a superar la incierta condición originaria de multi-

---

12. *Ibid.*, p. 143. El pasaje pertenece al capítulo 17 (pp. 144 y 145 de la ed. de C. Mellizo).

tud. Para este propósito existe otro célebre pasaje de Hobbes, que conviene citar completo:

> Una multitud de hombres deviene *una* persona cuando estos hombres son representados por un hombre o una persona; esto puede hacerse con el consenso de todos y cada uno de los miembros de la multitud en cuestión. Pues es la *unidad* del representante, y no la unidad de los representados, lo que hace a la persona *una*; y es el representante quien sustenta a la persona, sólo a una persona. Hablando de una multitud, la *unidad* no puede ser entendida de otra manera[13].

Pero entonces, en fin, la razón más profunda de la imposibilidad de la oposición al soberano está en el hecho de que oponerse al soberano significa debilitar su capacidad de representar el orden civil y político del que los individuos forman parte y, así, autocondenarse a regresar a la condición de multitud, dentro de la cual inevitablemente se desarrollan los gérmenes de la guerra civil. Y ya que los hombres poseen por naturaleza el instinto de proteger su vida y su persona, ellos no correrán el tremendo riesgo inherente a la oposición al soberano.

Con esto, el dilema del que hemos partido se resuelve perfectamente. El poder soberano de Hobbes tiene en efecto un origen, es fruto artificial de la voluntad, pero no por esto es menos soberano, ni está mayormente expuesto al peligro de la oposición. De aquí se deduce todo lo demás. En efecto, está claro que Hobbes, de manera coherente con toda su obra, sostiene el deber del soberano de proteger las vidas y las personas de sus súbditos, y también está claro que éstos pueden gozar, sobre la base de las leyes del soberano y también en su silencio, de determinados derechos. El primero es el derecho de propiedad, que ni siquiera podía pensarse en la incertidumbre del estado de naturaleza[14].

Pero en toda esta materia de los derechos, en un análisis ligado al capítulo de los límites y de las garantías, a partir de ahora se deberá tener en cuenta la extraordinaria novedad del poder soberano nacido de la crisis definitiva de la constitución mixta medieval, por eso mismo poco dispuesto a aceptar controles y contrapesos por parte de otros poderes y, por otro lado, titular de manera exclusiva de un poder de hacer la ley al que será bien difícil oponer límites apreciables.

---

13. *Ibid.*, p. 134. El pasaje pertenece al capítulo 16 (p. 137 de la ed. de C. Mellizo).
14. *Ibid.*, cap. 21.

Ciertamente, Hobbes no era el único que consideraba necesario ese poder. Ni siquiera eran pocos los que durante mucho tiempo lo consideraron necesario. Lo advertimos si avanzamos en el tiempo, hasta situarnos casi en la vigilia de la Revolución francesa. Mientras se había desarrollado la obra de consolidación de los Estados absolutos, que de distintas maneras parecían darle la razón a Bodino y a Hobbes, más que a los defensores de la constitución mixta. Y, sin embargo, cuando en abril de 1762 fue publicado el *Contrato social* de Jean-Jacques Rousseau (1712-1778), el escándalo fue grande y, sobre todo, fueron grandes los temores ante el poder soberano, que ahora, bien al centro de la obra de Rousseau, se atribuía directamente al pueblo[15].

Un testimonio precioso en este sentido está contenido en las conclusiones del Procurador General de la ciudad de Ginebra, por las que se proscribía el *Contrato social*, prohibiendo su reproducción y difusión. Generalmente se admite que el escándalo consistía en la radical puesta en discusión de toda autoridad constituida contenida en la obra de Rousseau. En efecto, tenía razón el Procurador General al subrayar la importancia de la propuesta contenida en esta obra, según la cual se debería «fijar asambleas periódicas» del pueblo soberano, durante las cuales el gobierno sería suspendido y, en cada ocasión, se decidiría «si debía conservarse la forma de gobierno recibida y los magistrados en cargo»[16].

Pero todavía más interesante es el hecho de que el Procurador General supone amenazada por la soberanía popular, junto al gobierno, *la entera constitución*. En efecto, éste es el error del que Rousseau no puede ser de ninguna manera disculpado: «Las leyes constitutivas de todos los gobiernos le parecen siempre revocables, no reconoce ningún compromiso recíproco entre gobernantes y gobernados»[17]. Lo que se defiende entonces de la primacía absoluta del pueblo soberano no es el valor puro y simple de la estabilidad de los poderes constituidos, sino mucho más, es decir, la misma

---

15. Se puede utilizar J.-J. Rousseau, *Il contrato sociale*, Torino, 1994, que contiene también las *Conclusioni del Procuratore Generale* de la ciudad de Ginebra de junio de 1762 con las que se condenaba la obra de Rousseau, disponiendo la prohibición de su difusión. En castellano puede utilizarse la edición de María José Villaverde: *El contrato social*, Madrid, 1999. Sobre Rousseau pueden recordarse: *Études sur le Contrat social de J.-J. Rousseau*, Paris, 1966, y R. Wokler (ed.), *Rousseau and Liberty*, Manchester, 1995.

16. *Conclusioni del Procuratore Generale*, cit., pp. 188 y 189. El Procurador se refería, correctamente, a los capítulos 13 y 14 del tercer libro de la obra de Rousseau.

17. *Conclusioni*, cit., pp. 188 y 189.

idea de la permanencia de algunas «leyes constitutivas», que fijan el puesto y la función de todos los sujetos, el contenido de los deberes de obediencia a los gobernantes, pero también los límites que los gobernantes no pueden sobrepasar.

En otras palabras, el Procurador General *defiende la constitución*, que él todavía interpreta, bajo la guía de la tradición medieval, en los términos de la *sponsio*, del solemne juramento, que de manera estable compromete recíprocamente a los gobernantes y a los gobernados, ante todo fijando los deberes de unos y otros. Y el enemigo de todo esto es ahora más que nunca el moderno poder soberano, que en las páginas de Rousseau más que antes descubría su carácter fundamental, que se traducía en una voluntad esencialmente libre, incesante y periódicamente llamada a redefinir las formas de gobierno y con ellas todo el espacio de las relaciones políticas y sociales.

Naturalmente, el Procurador General veía las cosas desde su punto de vista. Rousseau, por su cuenta, y desde su construcción, tenía excelentes motivos para sostener la necesidad de una presencia continua del pueblo soberano. En efecto, partía de la idea de que el único pacto admisible, o más bien necesario, era el que se determinaba entre los individuos, que gracias a él daban vida al *cuerpo político*, al mismo pueblo. Con ese pacto esos individuos renunciaban a su libertad natural, pero adquirían la libertad civil, que consistía en la garantía de estar gobernados por una ley general, fruto de la totalidad del cuerpo soberano y, por ello mismo, libre de toda hipoteca de carácter personal. De ese momento en adelante, el problema principal, o más bien exclusivo, era el de garantizar *la integridad* de esa ley, el de impedir, precisamente mediante la presencia continua del pueblo soberano, que en esa ley pudiesen de hecho reintroducirse elementos de carácter particular y personal que corrompieran su carácter general[18].

Rousseau afirmaba el principio de la *necesaria presencia del soberano*, pero con un propósito preciso: el de impedir que la ley, que había sancionado el fin de todo dominio de carácter personal y particular y por ello había inaugurado el nuevo reino de la igualdad, escapase de las manos del pueblo soberano, iniciando así un camino hacia atrás que la habría debilitado cada vez más, dejándola cada vez más a merced de los intereses parciales, que inevitablemente terminarían por destruirla.

De aquí la necesidad de circunscribir cuidadosamente la fun-

---

18. J.-J. Rousseau, *Il contrato sociale*, I, caps. 6, 7 y 8.

ción de los gobernantes, que, lejos de poder ser la otra parte de un hipotético contrato con el pueblo, son vistos como los que podrían aprovecharse de su posición de autoridad constituida para destacarse del pueblo soberano y poner la ley al servicio de su propia voluntad y de sus intereses particulares. Por esto el gobierno, que por su naturaleza obra «contra la soberanía» y que continuamente está expuesto al riesgo de identificarse con esa voluntad particular que «obra sin tregua contra la voluntad general», debe estar fuertemente limitado; y para esto el pueblo soberano debe conservar siempre la posibilidad de retomar lo que había delegado parcial y temporalmente a los gobernantes, sin que se le puedan oponer «leyes fundamentales» de cualquier especie o contratos originarios que de cualquier forma limiten su originaria y absoluta potestad[19]. De aquí, en fin, la célebre crítica de Rousseau a la representación política: los que el pueblo elige, los diputados del pueblo, no son representantes, sino sólo «comisarios: no pueden concluir nada de manera definitiva. Toda ley que no haya sido ratificada directamente por el pueblo es nula, no es una ley»[20].

Y, más en general, se confirma con Rousseau la dificultad de oponer límites al poder soberano que ya hemos visto en Hobbes. Cuando se trata explícitamente, incluso en referencia directa a los derechos de los ciudadanos, la conclusión se refiere siempre a la existencia de un único límite, por otro lado incluido en la ley, que consiste en el deber del soberano de mantener íntegro el carácter general de su voluntad y, así, no obrar en sentido discriminatorio, constitutivo de privilegios o beneficios particulares[21]. Cuando por el contrario se pretende individualizar un límite externo capaz de vincular al pueblo soberano, entonces la opinión de Rousseau es resueltamente negativa: «no existe ni puede existir ningún tipo de ley fundamental obligatoria para el cuerpo del pueblo, ni siquiera el contrato social»[22].

En vano buscaremos en Rousseau la «constitución» como límite y garantía. Al contrario, la «constitución» está para él totalmente

---

19. *Ibid.*, II, caps. 1 y 2, sobre la inalienabilidad e indivisibilidad de la soberanía; III, cap. 1, sobre la diferencia entre cuerpo soberano y gobierno; III, cap. 10, sobre el abuso del gobierno y sobre su tendencia a degenerar; III, caps. 13, 14 y 18, sobre los remedios contra tal abuso, consistentes esencialmente en esas asambleas periódicas que tanto habían escandalizado —como hemos visto— al Procurador General de la ciudad de Ginebra; III, cap. 16, sobre la inexistencia de un «contrato» entre pueblo y gobierno.
20. *Ibid.*, III, cap. 15.
21. *Ibid.*, II, cap. 4.
22. *Ibid.*, I, cap. 7.

absorbida por la soberanía, en el sentido de que para Rousseau sigue siendo verdadero lo que Hobbes había afirmado: que la única «ley fundamental» es la que obliga a preservar la integridad del poder soberano, que ahora, en el umbral de la Revolución, de manera todavía más clara y transparente se manifiesta en la forma de la ley general y abstracta, en sí productora de igualdad.

Por lo demás, el concepto mismo de «constitución» ocupa un espacio bien reducido en la obra de Rousseau[23]. Opera exclusivamente en el plano —distinto y subordinado respecto al de soberanía— del gobierno, del conjunto de las instituciones que facilitan la exacta ejecución de la ley. Así, cuando Rousseau afirma que el legislador «que constituye la república, no está comprendido en su constitución»[24], pretende decir que la constitución se ocupa sólo de los poderes derivados y subordinados al gobierno, que el legislador funda y mantiene en su dominio, a través de la permanente presencia del pueblo soberano. Lo que entonces no puede existir es una constitución que se ocupe del legislador soberano. Éste, en efecto, no es representado como un poder, sino como la voluntad originaria que consiente la existencia de los poderes positivamente instituidos. De estos últimos y sólo de éstos se ocupa la constitución, y siempre sabiendo que el ordenamiento del gobierno que ella dispone puede ser revocado en todo momento por el legislador, por el pueblo soberano, que precede a la constitución y que por su naturaleza está fuera de ella. A fin de cuentas, la constitución no puede ni debe traicionar al soberano, y no al revés.

2. *El constitucionalismo*

El constitucionalismo es concebido como el conjunto de doctrinas que aproximadamente a partir de la mitad del siglo XVII se han dedicado a recuperar en el horizonte de la constitución de los modernos el aspecto del límite y de la garantía. Obviamente, es cierto que no se puede sostener que el poder soberano que Hobbes y Rousseau habían situado en el centro de la constitución de los modernos

---

23. Más complejo y articulado debería ser el juicio extendiendo nuestro análisis a otras obras de Rousseau. Véase en particular J.-J. Rousseau, *Considerazioni sul governo della Polonia e sul progetto di riformarlo*, en Id., *Scritti politici* III, Bari-Roma, 1994, pp. 204 ss., con afirmaciones sobre las «leyes fundamentales» en parte distintas de las contenidas en el *Contratto sociale*; trad. cast. *Consideraciones sobre el gobierno de Polonia*, ed. de Antonio Hermosa, Madrid, 1988.

24. J.-J. Rousseau, *Il contrato sociale*, II, cap. 7.

fuese por ellos configurado como un poder arbitrario. Al contrario, era entendido por ellos como un poder llamado por los mismos individuos —a través del pacto social— a instituir una ley cierta, a través de la cual fuese posible estabilizar la vida y las posesiones de esos mismos individuos y, entonces, crear las condiciones para que pudiesen comenzar a tomar forma los derechos individuales.

Sin embargo, en la constitución moderna prefigurada y sostenida por Hobbes y Rousseau resultaban absolutamente imposibles, sin lugar a dudas, dos operaciones. La primera consistía en la división del poder soberano, es decir, en la individualización de una pluralidad de poderes públicos contrapesados entre ellos y, por ello, limitados recíprocamente. Como sabemos, la primera característica del poder soberano era precisamente la de su indivisibilidad. La segunda operación consistía en la posibilidad de individualizar un límite legal a la extensión de los poderes del soberano, de poder oponer a esos poderes una *norma fundamental*, quizás para garantía y tutela de los derechos de los individuos. En efecto, esa norma reclamaba de manera incluso demasiado evidente la antigua constitución mixta medieval y, con ella, la dimensión de la pluralidad, de las partes distintas, del intercambio y de la tratación, en suma, todo aquel mundo del que el poder soberano resueltamente intentaba escapar.

Éstas son precisamente las dos operaciones que el constitucionalismo intenta sostener y propugnar partiendo de la idea, que nunca Hobbes y Rousseau habrían podido compartir, de que ellas son compatibles con la constitución de los modernos, que es posible arribar a un poder que sea expresión de la soberanía, pero no por ello indivisible e ilimitado en sí, por su naturaleza.

De nuevo otra vez, y también a propósito de las doctrinas constitucionales, el escenario decisivo es el inglés. En los años inmediatamente posteriores a 1649, a la caída de la monarquía y de la constitución mixta medieval, Hobbes no estaba solo en sus reflexiones sobre estos trágicos sucesos y, fundamentalmente, sobre las posibilidades que se abrían para la república desde el punto de vista constitucional. No sólo estaban los que, como Hobbes, pensaban que de la caída de la constitución mixta, que de hecho había producido la guerra civil, se pudiera salir sólo y exclusivamente mediante la solución del poder soberano único e indivisible. También estaban los que pensaban que la nueva república —liberada de la constitución mixta medieval y dedicada, en términos completamente nuevos, a construir la relación necesaria entre los ciudadanos y los poderes públicos, sobre todo los representativos, como el legislativo— tenía necesidad, para ser fuerte y estable, de reconstruir *un orden constitucional equilibrado y contrapesado*, capaz de representar de manera razonable y duradera al conjunto de ciudadanos ingleses.

En esta línea, James Harrington (1611-1677) puede considerarse el exponente más relevante de los republicanos ingleses. Su mayor obra, *The Commonwealth of Oceana*[25], fue publicada hacia el final de 1656. En ella la constitución mixta medieval está ya totalmente superada, ya que lo que se busca es una sociedad civil de individuos independientes y una sociedad política que nace de las elecciones libres, siempre de base individual, del parlamento. No obstante, en el momento decisivo de la construcción del nuevo orden constitucional reaparece el concepto tradicional del *balance*, del equilibrio.

Es un equilibrio que debe dirigirse en primer lugar a la misma sociedad. En efecto, para Harrington no existe ninguna república si no existe una equitativa y razonable distribución de los bienes. La primera *ley fundamental* de la república es por ello la agraria, que crea el equilibrio social del que depende la república limitando el valor de las tierras que cada uno puede poseer, y creando las condiciones para que el mayor número posible de individuos pueda acceder a una propiedad, aunque sea pequeña. La segunda ley fundamental es la electoral, que permite ordenar el vasto pueblo de individuos propietarios, de forma que se construya *una república estable y moderada*, en la que se tiene un Senado donde se es elector y elegible con una renta superior a las cien libras esterlinas, y una Cámara en la que todos los propietarios son electores y elegibles, y de la que sólo son excluidos los asalariados, los pobres,

---

25. J. Harrington, *The Commonwealth of Oceana y A System of Politics*, ed. de J. G. A. Pocock, Cambridge, 1992. No hay espacio para extender nuestra atención a los otros exponentes del republicanismo inglés, como John Milton (1608-1674), Henry Neville (1620-1694) y Algernon Sidney (1622-1683). Sobre ello, véase al menos: A. Fukuda, *Sovereignty and the Sword. Harrington, Hobbes and Mixed Government in the English Civil Wars*, Oxford, 1997; D. Armitage, A. Himy y Q. Skinner (eds.), *Milton and Repulicanism*, Cambridge, 1995; y ahora también la síntesis de Q. Skinner, *Liberty before Liberalism*, Cambridge, 1998. Para el lector italiano, algunos textos de los republicanos ingleses están contenidos en *Antologia dei costituzionalisti inglesi*, cit.; e interesan: L. D'Avack, *I nodi del potere. La teoria del governo misto nell'Inghilterra del Seicento*, Milano, 1979; G. Giarrizzo, «Il pensiero inglese nell'età degli Stuart e della Rivoluzione», en *Storia delle idee politiche, economiche e sociali* I, Torino, 1980, y E. Capozzi, *Costituzione, elezione, aristocrazia. La repubblica «naturale» di James Harrington*, Napoli, 1996. De la obra principal de Harrington existe traducción al castellano: *La república de Oceana*, México, 1987.

los mendigos. Según Harrington, al Senado —expresión de la necesaria componente aristocrática de la república— pertenece el monopolio del poder de iniciativa legislativa, constituyendo así un filtro, razonable y eficaz, en relación con las instancias y presiones procedentes del pueblo, y a la Cámara pertenece la deliberación como expresión de la soberana decisión de los representantes de todo el pueblo.

Como se aprecia con claridad, Harrington intenta escapar de aquel dilema que Hobbes había descrito de manera tan rotunda entre la constitución mixta, antesala de la guerra civil, y la soberanía de un poder único e indivisible. Con Harrington tenemos, por el contrario, la búsqueda de un poder soberano, el de los ciudadanos propietarios electores y su parlamento, que se estructura a través de la constitución y, en particular, a través de las dos grandes leyes fundamentales, la agraria y la electoral, de manera mixta y moderada. En pocas palabras, Harrington es capaz, a diferencia de Hobbes, de distinguir entre *constitución mixta* y *gobierno mixto*. Concibe superada la primera, pero necesario el segundo, si se quiere dar a la república una base estable y duradera.

Sin embargo, para un personaje como Harrington —como en general para los republicanos ingleses, que ya habían roto los lazos con el pasado monárquico y medieval— era sin embargo necesario encontrar en la historia un modelo en el que el carácter mixto del gobierno se hubiese aplicado a la república, de manera capaz de producir una forma política fuerte y duradera. Esta república fue para ellos la romana, que conocían a través de la decisiva mediación de Niccolò Machiavelli (1469-1527), y en particular de sus *Discursos sobre la primera década de Tito Livio*, compuestos entre 1513 y 1519[26].

La república romana que los ingleses conocieron a través de los *Discursos* de Maquiavelo tenía el mérito de haberse hecho fuerte a

---

26. *Discursos sobre la primera década de Tito Livio*, Madrid, 2000. La otra obra célebre de Maquiavelo es *El príncipe*: N. Maquiavelo, *Opere*, ed. de S. Bertelli y F. Gaeta, Milano, 1960-1969; trad. cast. *El príncipe*, ed. de Ana Martínez, Madrid, 1998. Para la relación con el republicanismo inglés es obligatoria la referencia a la afortunada obra de J. G. A. Pocock *The Machiavellian Moment. Florentine Political Thought and the Atlantic Republican Tradition*, Princeton, 1975; trad. it. *Il momento machiavelliano. Il pensiero politico fiorentino e la tradizione repubblicana anglosassone*, Bologna, 1980. Sobre ello consideramos apropiadas las consideraciones de J. M. Blythe, *Ideal Government and the Mixed Constitution*, cit., pp. 278 ss. Véanse, en fin: G. Bock, Q. Skinner y M. Vilori (eds.), *Maquiavelli and Republicanism*, Cambridge, 1990, y M. Peltonen, *Clasical Humanism and Republicanism in English Political Thought 1570-1640*, Cambridge, 1995.

través de un gobierno mixto, que había impedido el desarrollo de puntos de vista absolutos y unilaterales, limitando el poder de los cónsules, como también el del Senado y las asambleas populares[27]. Pero sobre todo los ingleses encontraron en las páginas de Maquiavelo excelentes motivos para sostener lo que más les interesaba, es decir, la superioridad de la república como forma de gobierno.

En efecto, no era difícil en esas páginas seguir los pasos de esta gran idea de la república como forma ideal de gobierno, preparada mejor que otras para solucionar el conflicto entre aristocracia y pueblo, que según el mismo Maquiavelo se produce necesariamente dentro de toda forma política[28]. La propuesta bicameral de Harrington partía de esta posibilidad, representaba en el plano institucional la armonía lograda entre aristocracia y pueblo, que la monarquía no era capaz de garantizar, que sólo la república podía lograr establemente.

Pero todo esto no sucedía de manera casual: la república era el régimen en el que se realizaba el principio de la *civile equalità*, según escribía el mismo Maquiavelo[29]. La república poseía en sí la tendencia a nivelar, a relacionar, a dar proporción, de manera que armonizaba las diferencias hasta impedir la formación de riquezas exageradas y, así, de aristocracias demasiado distantes —en la cultura y en el estilo de vida— de la mayoría de los ciudadanos. De nuevo, éste es el modelo que piensa Harrington cuando imagina una sociedad de individuos propietarios, distintos entre ellos, pero también semejantes entre ellos. Y sobre esta base, específicamente social, el régimen político republicano funda su superioridad para garantizar una estable y pacífica mediación en el conflicto entre aristocracia y pueblo.

Después, esta mediación se refleja en el plano institucional a través de la elección de una forma de gobierno mixta, en la que están representados las dos componentes, aristocrática y popular, como en el caso del parlamento bicameral de Harrington. La línea,

---

27. Como se sabe, Maquiavelo se basaba para describir los acontecimientos constitucionales de la república romana en el descubrimiento de la obra de Polibio, de la que hemos hablado en el capítulo primero, dedicado a la constitución de los antiguos.

28. N. Maquiavelo, *El Príncipe*, cap. 9, y *Discorsi*, I, cap. 4. Del entrelazamiento de estos dos lugares de la obra de Maquiavelo se llega a la conclusión formulada en el texto de la menor actitud del principado —la monarquía para los ingleses— para solucionar el conflicto entre aristocracia y pueblo.

29. N. Maquiavelo, *Discorsi*, I, caps. 2 y 55. La *civile equalità* de Maquiavelo recuerda forzosamente, de manera bastante sugestiva, la *aequabilitas* de Cicerón, de la que ya hablamos en el capítulo primero, dedicado a la constitución de los antiguos.

indudablemente sólida, que de Maquiavelo conduce al republicanismo británico produce así un resultado, al mismo tiempo teórico e institucional, de notable relieve para los futuros acontecimientos constitucionales. Se trata, en pocas palabras, de la permanencia —en el ámbito de la constitución de los modernos— de las teorías y de las prácticas del contrapeso de los poderes. En esta constitución —orientada ahora por el doble criterio del poder soberano y de los derechos individuales— está presente la necesidad de dividir y contrapesar: la caída de la constitución mixta no arrastró consigo el ideal del gobierno mixto.

Los acontecimientos sucesivos —que conducen primero a la restauración de la monarquía en 1660 y después, en 1689, a una decisiva limitación de sus poderes con la Revolución Gloriosa y con la adopción del célebre *Bill of Rights*— confirman esta línea, según la cual Inglaterra se caracteriza por una fuerte y cada vez más irreversible primacía del parlamento, que se afirmaba de manera respetuosa con la tradición del gobierno mixto y del contrapeso de los poderes que caracterizaba profundamente la historia del país[30].

Ese contrapeso no sólo se refería a las relaciones internas del parlamento —que en el mismo *Bill of Rights* se concebía en su forma tradicional, con la presencia de los *Lords* y de los *Commons*—, sino también a las relaciones del parlamento con la restaurada monarquía y, así, del legislativo con el ejecutivo. De esta manera —precisamente sobre este último plano— la constitución inglesa estaba llamada a resolverse de manera particularmente estable y sólida, a partir de una situación en la que la reafirmación de un ejecutivo de titularidad monárquica se acompañaba —bajo las normas contenidas en el *Bill of Rights*— de una consistente reducción de los poderes del rey, al que se le negaba de manera explícita un poder autónomo de normación, así como el poder de imponer tributos y de llamar a las armas, o de organizar y mantener el ejército en tiempo de paz, sin el consentimiento del parlamento. En pocas palabras, se trataba de comprender qué forma de gobierno se estaba afirmando en Inglaterra tras el retorno de la monarquía.

---

30. Citamos desde ahora las obras de referencia sobre el «modelo constitucional» inglés: M. J. C. Vile, *Constitutionalism and the Separation of Powers*, Oxford, 1967, y E. W. Neville, *The Eigteenth-Century Constitution 1688-1815*, Cambridge, 1977. Sobre la Gloriosa Revolución véase: L. G. Schwoerer (ed.), *The Revolution of 1688-1689. Changing Perspectives*, Cambridge, 1992. Sobre la elaboración teórica disponemos ahora del excelente ensayo de J. Varela Suanzes, «La soberanía en la doctrina británica (de Bracton a Dicey)»: *Fundamentos* 1 (1998), pp. 87 ss.

Como se sabe, los ingleses lograron responder a esta cuestión de manera bastante brillante. De su elaboración, que parte de la Revolución Gloriosa y se desarrolla a lo largo de todo el siglo XVIII, emerge con fuerza esa figura de la forma de gobierno *equilibrada y moderada* que representará durante mucho tiempo en Europa el modelo constitucional por excelencia. El primer ideólogo de esta solución fue ciertamente John Locke (1632-1704), sobre todo con sus *Dos tratados sobre el gobierno*, escritos durante los años ochenta y publicados en 1690[31].

Ciertamente, en esa fundamental obra de Locke no sólo se contenía una doctrina de la forma de gobierno. La postura de Locke, que se fundamenta en una concepción del estado de naturaleza, parecía ser bastante más general. Ella es demasiado conocida como para volverla a repetir aquí otra vez. En síntesis, a diferencia de Hobbes, Locke consideraba a los hombres en el estado de naturaleza ya razonablemente capaces de instituir la *property*, es decir, una condición en la que cada uno de ellos podía ya decirse relativamente seguro de su propia persona y de sus propios bienes. A los hombres les faltaba sin embargo lo que Locke llamaba una *standing rule*, una regla fija y consolidada, capaz de asegurar en el tiempo la *property* ya adquirida en el estado de naturaleza. Por esto, los hombres deciden salir del estado de naturaleza e instituir la sociedad política. En ella esos hombres veían esencialmente un instrumento de *perfeccionamiento* de la condición ya existente, que permitía poner al servicio de la misma *property*, de sus derechos, algunas instituciones políticas que como tales nunca habrían podido establecerse en el estado de naturaleza: un legislador y una ley capaz de representar la «medida común» en la determinación de la sinrazón y de la razón en las controversias entre los individuos, un juez «cierto e imparcial» con el que siempre se pueda contar para la aplicación de la ley, y un poder ulterior, el ejecutivo, que tenga en

---

31. J. Locke, *Two Treatises of Government*, ed. de W. S. Carpenter, London-Melbourne, 1986; trad. cast. *Segundo tratado sobre el gobierno*, ed. de Pablo López Álvarez, Madrid, 1999. Sobre Locke véase al menos: C. A. Viano, *John Locke. Dal razionalismo all'illuminismo*, Torino, 1960; J. H. Franklin, *John Locke and the Theory of Sovereignty. Mixed Monarchy and the Right of Resistance in the Political Thought of the English Revolution*, Cambridge, 1978; R. Ashcraft, *Revolutionary Politics and Locke's Two Treatises of Government*, Princeton, 1986; J. Dunn, *The Political Thought of John Locke*, Cambridge, 1979; trad. it. *Il pensiero politico di John Locke*, Bologna, 1992; A. J. Simmons, *The Lockean Theory of Rights*, Princeton, 1992; y E. J. Harpham, *John Locke's Two Treatises of Government. New Interpretations*, Lawrence, Kan., 1992.

sí de manera incontestable la fuerza necesaria para hacer cumplir las sentencias[32].

De tal concepción del estado de naturaleza y del paso de éste a la sociedad política derivan otras consecuencias bastante precisas. Deriva sobre todo el hecho de que el poder legislativo, aunque llamado «supremo» en varias ocasiones por el mismo Locke, en realidad debe pensarse como un poder en sí mismo limitado, del que puede y debe medirse su extensión concreta. En el célebre capítulo undécimo del segundo libro de su obra, Locke fija a propósito algunos límites precisos, todos ellos dirigidos a reconducirlo a la concepción general arriba esbozada, según la cual el legislador no nace para generar los derechos, sino simplemente para perfeccionar su tutela presuponiendo su esencial preexistencia. Así, el poder legislativo no podrá disponer de manera arbitraria sobre las vidas y sobre los bienes de los individuos, ni «quitar a un hombre una parte de su propiedad sin su consentimiento», ni «gobernar con decretos improvisados», y estará por el contrario obligado a actuar «mediante leyes promulgadas y ciertas, y jueces autorizados y reconocidos»[33].

Pero quizás lo que no se ha señalado tanto es que entre esos límites del poder legislativo no sólo aparecen los que se refieren directamente a los derechos de los individuos. También están los que se refieren a la posición que el poder legislativo asume en el ámbito de la forma de gobierno. A este propósito, Locke considera incompatible con el establecimiento de una sociedad política bien ordenada no sólo la monarquía absoluta, sino también aquella situación en la que se tiene «una sola asamblea que opera establemente»[34]. En una asamblea de este género Locke ve el mismo peligro de la monarquía absoluta, que es, en pocas palabras, el de la confusión entre legislativo y ejecutivo. En efecto, si esa asamblea pretende operar establemente, es porque ella pretende no agotarse en la tarea ciertamente fundamental de hacer la ley, que por su naturaleza, según Locke, se desarrolla periódicamente, a intervalos más o menos regulares, pero nunca de manera continua. En la pretensión de la asamblea legislativa de no disolverse después de haber hecho la ley está contenida para Locke una amenaza tan seria como la existente en la monarquía absoluta. Está contenida, en po-

---

32. J. Locke, *Two Treatises*, cit., II, cap. 9, par. 124. Resulta inútil citar los múltiples lugares en los que Locke describe el estado de naturaleza y su paso a la sociedad política: véanse de todas maneras II, cap. 4, par. 22, y II, cap. 7, pars. 89-91.

33. *Ibid.*, II, cap. 11, pars. 134-142.

34. *Ibid.*, II, cap. 11, par. 138.

cas palabras, la pretensión del legislativo de extender su dominio al campo del gobierno, de la ordinaria administración de los recursos públicos, del ordinario gobierno sobre los hombres.

La verdadera relevancia de Locke en la historia del constitucionalismo está en esto: en haber sido el primero en formular de manera clara y firme, en el ámbito de la constitución de los modernos, la fundamental distinción entre poder *absoluto* y poder *moderado*. El primero es aquel en que un único sujeto, sea el rey o la asamblea, tiene el poder legislativo y el ejecutivo, el segundo es aquel en que los dos poderes son distintos y pertenecen a dos sujetos distintos. En suma, la primera y fundamental máxima del constitucionalismo es precisamente ésta, según la cual quien tiene el formidable poder de hacer la ley no puede ni debe disponer de los recursos y de los medios de gobierno, incluido el también formidable poder de coacción sobre los individuos; y quien dispone de todo esto no puede ser a su vez titular del poder legislativo. Ésta es, en definitiva, también para el mismo Locke, la mayor y más concreta garantía de los derechos de los individuos: saber que quien tiene el poder de legislar sobre ellos no tiene ningún poder directo de coacción, y viceversa.

Falta ahora establecer cuál es para Locke la forma de gobierno que realiza en concreto, de manera óptima, una cualidad moderada del poder. Ciertamente resulta demasiado simple, con los textos en la mano, sostener que se trata de la tradicional forma inglesa de *King in Parliament*, que recorre toda la obra de Locke y que presenta todos los caracteres exigidos; se trata de una monarquía ciertamente no absoluta, pero sí titular de un firme poder ejecutivo nunca completamente abarcable por parte del legislativo y, también, de un poder de veto sobre la ley que se ejerce desde dentro del mismo parlamento. Resulta más prudente sostener que para Locke son compatibles con la fórmula del poder moderado todas las formas de gobierno construidas de manera que eviten la confusión entre legislativo y ejecutivo. Tal es *también*, indudablemente, la tradicional forma del gobierno inglés, que tiene el doble valor de oponer la primacía del parlamento a la hipótesis de la monarquía absoluta, y también el valor permanente de la prerrogativa regia como núcleo fundamental del ejecutivo en la hipótesis del desmedido dominio del legislativo, del gobierno de asamblea[35].

---

35. *Ibid.*, II, cap. 14, donde Locke considera no por casualidad extensos poderes de prerrogativa como componente esencial de un equilibrio institucional óptimo.

Lo cierto es que éste, y no otro, es *el espacio de la constitución*. Es el espacio en el que se construye una relación prudente y equilibrada entre legislativo y ejecutivo, de manera que prevenga y evite la formación de una dimensión absoluta del poder que amenace los derechos de los individuos. No por casualidad, cuando este equilibrio se rompe, cuando —en el lenguaje de Locke— se disuelve el *government*, bien porque el legislativo sale fuera de su ámbito menoscabando los derechos de los individuos, o porque el ejecutivo a su vez abusa de sus poderes, en concreto impidiendo el normal funcionamiento del mismo legislativo a través de un ejercicio arbitrario de su fundamental poder de convocar y disolver el parlamento, entonces no existe ninguna constitución, y no queda más que la bien conocida «invocación al cielo», con el que el pueblo retoma directamente el «poder supremo» configurador de la forma política a fin de instituir una nueva, a la que de nuevo se pueda confiar una equilibrada garantía de los derechos[36].

Muy difícilmente se puede deducir de todo esto la existencia de una opción de Locke a favor de la soberanía del pueblo. En efecto, este último no aparece representado como la fuerza originaria y nunca apagada que mantiene viva la constitución[37], sino como el punto al cual se torna inevitablemente cuando la constitución ya no funciona, ya no consigue garantizar una disposición equilibrada de los poderes y una consecuente garantía apreciable de los derechos. Por los mismos motivos, ciertamente no se puede decir que en la antes recordada «invocación al cielo» esté contenida la afirmación de un verdadero y propio poder constituyente. En efecto, para Locke no se trataba de individuar un punto en el que el pueblo afirmaba su propia soberanía, su propia capacidad de generar la constitución. Se trataba, por el contrario, de indicar un peligro, un punto en el que la constitución aparecía como algo que tendía a morir más que a nacer. Un punto, en definitiva, del que se debía salir cuanto antes, entre otras vías confiando, incluso de manera explícita, en la razonabilidad del pueblo, en su aversión a cambiar de manera repentina sus «constituciones antiguas» propias, e incluso, en lo que respecta específicamente a Inglaterra, en el respeto del pueblo inglés a su «antiguo legislativo compuesto por el rey, los *Lords* y los comunes»[38].

36. *Ibid.*, II, cap. 19, donde Locke trata de la disolución del gobierno; II, cap. 14, par. 168, para el apelo al cielo; y también II, cap. 13, par. 149.
37. Como será más tarde con Rousseau, en la línea de las doctrinas de la soberanía: véase el primer epígrafe de este mismo capítulo.
38. J. Locke, *Two Treatises*, cit., II, cap. 19, par. 223.

Después de Locke, no pocos se dedicaron a perfeccionar y desarrollar el discurso constitucionalista que él había inaugurado, defendiendo cada vez más la constitución como espacio dentro del cual se equilibran los poderes y se garantizan los derechos. Mejor dicho, después de Locke, a lo largo de todo el siglo XVIII, toma cada vez más cuerpo la idea de que esa constitución era en realidad la constitución inglesa, que más que otra en el tiempo había sabido equilibrar los poderes, del parlamento y de la monarquía, y garantizar los derechos.

Ya a finales de 1734, en su *Dissertation upon Parties*, Bolingbroke (1678-1751), político conservador de primera línea, definía la constitución en general, pero después en concreto la constitución inglesa, como «aquel conjunto de leyes, instituciones y costumbres, derivadas de ciertos principios inmutables de la razón y dirigidas a ciertos fines inmutables del bien común, que constituyen el conjunto del sistema según el cual la comunidad ha convenido y aceptado ser gobernada»; y ya entonces distinguía firmemente entre la constitución así entendida y el gobierno que de ella derivaba, de manera que sólo puede hablarse de «un buen gobierno» si obra «en estrecha conformidad con los principios y los fines de la constitución»[39].

La explícita subordinación del gobierno a la constitución no era, en ese tiempo, una operación ideológicamente neutra. En efecto, al sostener que no toda forma de gobierno era conforme con la gran tradición histórica de la constitución inglesa, Bolingbroke perseguía una finalidad política clara. En pocas palabras, intentaba poner en evidencia el cambio que se estaba produciendo en Inglaterra, que conducía —cada vez más claramente, mediante la estructuración de la opinión pública en dos grandes partidos antagónicos— a la afirmación de la mayoría parlamentaria como único fundamento de legitimación del gobierno, lo que producía una importante reducción de los poderes de la Corona y la presencia cada vez más embarazosa de la figura dominante del primer ministro, al mismo tiempo jefe de gobierno y de la mayoría parlamentaria[40].

---

39. Bolingbroke, «A Dissertation upon Parties», en Íd., *Political Writings*, ed. de D. Armitage, Cambridge, 1997, p. 88. Sobre Bolingbroke véase G. Abbattista, «Il *Re patriota* nel discorso politico-ideologico inglese del Settecento», en Bolingbroke, *L'idea di un Re patriota* (1738), Roma, 1995. También puede ser útil: Bolingbroke, *Fragments, or Minute of Essays* (1754); trad. it. *Sul governo*, ed. de E. Capozzi, Napoli, 1997.

40. Véase a propósito la síntesis de N. Matteucci, *Organizzazione del potere e libertà*, cit., pp. 116 ss.; trad. cast., pp. 151 ss.

Y, desde el punto de vista de Bolingbroke y de la misma tradición constitucional inglesa, el cambio que se estaba produciendo en el gobierno parlamentario era juzgado como contrario a la constitución. La figura del primer ministro y de su gobierno encerraba en sí los poderes que todo gobierno debe tener en el plano ejecutivo y el mismo poder legislativo, en calidad de mayoría parlamentaria. Brevemente, el gobierno parlamentario violaba el principio fundamental, ya considerado por Locke, de la separación entre legislativo y ejecutivo.

Por este mismo motivo, Bolingbroke se preocupó también de rechazar todas las interpretaciones de la *Glorious Revolution* que veían en ella, a causa de la consistente reducción de los poderes del rey, el inicio de una especie de inevitable parlamentarización del sistema, prácticamente irrefrenable. Y, por el contrario, contribuyó no poco a acreditar la otra interpretación de la misma revolución, según la cual en esa ocasión, en esencia, después de muchos esfuerzos, la constitución inglesa se había recompuesto a partir de sus más sobresalientes orígenes, estabilizando para el futuro, en definitiva, la solución del *King in Parliament*: dentro de la cual se comprendía la limitación de la monarquía por parte del parlamento y la necesidad de un ejecutivo de titularidad monárquica que nunca podía ser dominado completamente por el parlamento, y que además era titular de un poder de veto sobre la ley que se ejerce dentro del mismo parlamento[41].

Precisamente a lo largo del siglo XVIII se difunde la idea de que la constitución inglesa representa la constitución por excelencia, en cuanto que era capaz más que cualquier otra constitución de impedir toda absolutización del poder, de distinguir y contrapesar los poderes, según aquella fórmula, tantas veces repetida, de los *checks and balances*, de los pesos y contrapesos: por una parte, en el parlamento se hace la ley, pero teniendo presente la hipótesis de que el rey pueda oponer su veto; por otra, el rey y el gobierno tienen el poder ejecutivo, pero nada pueden sin los recursos que el parlamento, titular del poder presupuestario, decida poner a su disposición. Por una parte, el rey tenderá a no abusar de su poder de veto; por otra, el parlamento tenderá a no provocar con el instrumento financiero aquella parálisis, por el temor a que el rey, desde dentro del

---

41. Sobre el principio del *King in Parliament* en el contexto de la tradición constitucional inglesa, véase sobre todo el excelente trabajo de W. Nippel, *Mischverfassungstheorie und Verfassungsrealität in Antike und Früher Neuzeit*, Stuttgart, 1980, pp. 258 ss.

mismo parlamento, oponga su veto. El resultado del conjunto es un sistema que funciona, en el que el parlamento legisla y el gobierno actúa, pero sin que el uno piense jamás que puede absorber al otro.

Sin embargo, toda esta admirable construcción hubiera desaparecido fácilmente de nuestro horizonte si no hubiese contado, a partir de la mitad del siglo XVIII, con otros formidables defensores y divulgadores. El primero entre ellos fue, como es sabido, Montesquieu (1689-1755), sobre todo con su célebre *Esprit des Lois*, publicado en 1748. Sobre la misma línea inaugurada por Locke, también la obra de Montesquieu está dominada por la alternativa entre poder absoluto, o despótico, y poder moderado. Tanto la monarquía como la democracia pueden asumir una configuración despótica: la primera olvidando sus conexiones históricas con los «poderes intermedios», con la nobleza y con los autónomos ordenamientos de las ciudades, y recusando además la decisiva función de los «cuerpos políticos», en esencia de los parlamentos; la segunda dejándose dominar por el principio de la «igualdad extrema», que inevitablemente conduce al pueblo a querer «hacerlo todo por sí, deliberar en lugar del Senado, ejecutar en lugar de los magistrados y desautorizar a todos lo jueces»[42].

Ambas situaciones son descritas por Montesquieu como una centralización de todos los poderes en un único sujeto, sea el monárquico o el popular. De lo que resulta que el régimen político moderado es aquel dotado de una constitución capaz de mantener diferenciados y en una posición de equilibrio esos mismos poderes. Tal constitución ideal es la que Montesquieu describe en el célebre libro undécimo de su obra, con explícita referencia a la constitución de Inglaterra[43]. En efecto, lo que imagina es un legislativo como el inglés, en parte elegido sobre base territorial —con la única exclusión al derecho de voto de «aquellos de tan baja condición que se supone carecen de voluntad propia»— y en parte compuesto sobre base hereditaria de las «personas ilustres por nacimiento, riquezas y honores»; pero también un ejecutivo de necesaria titularidad monárquica, provisto de un poder de veto frente a la ley, lo bastante fuerte como para impedir que el legislativo caiga en la tentación de absorber al mismo poder ejecutivo. Lo que Montesquieu subraya con fuerza, con la célebre frase del poder que «frena

---

42. Montesquieu, *Esprit des Lois*, II, 4 y VIII, 2; trad. cast. *Del espíritu de las leyes*, Madrid, 2000.
43. Para la constitución inglesa como «tipo ideal», véase L. Landi, *L'Inghilterra e il pensiero politico di Montesquieu*, Padova, 1981.

el poder», es el hecho de que todas estas complejas relaciones entre el legislativo y el ejecutivo se establecen con una finalidad de recíproca limitación y no de coparticipación: el legislativo puede y debe controlar la ejecución de la ley, pero sin entrometerse en los asuntos que competen al ejecutivo; y este segundo puede, como hemos visto, oponer su veto a la ley, pero sólo en sentido negativo, y sin que se configure una verdadera y propia participación del ejecutivo en la formación de la voluntad legislativa[44].

En fin, con Montesquieu vuelve con fuerza a primer plano lo que ya Locke había puesto en evidencia, es decir, que los derechos de los individuos —los que ellos gozan en el seno de la asociación política gracias a una ley positivamente deliberada— sólo pueden existir dentro de un régimen político moderado, dotado de una constitución igual o semejante a la inglesa. Éste es el sentido último de la conocidísima y lapidaria afirmación de Montesquieu: «La libertad política se encuentra en los gobiernos moderados»[45].

La estrecha unión entre tutela de los derechos y forma moderada de gobierno está también muy presente en la obra del último gran ilustrador y divulgador de la virtud del modelo constitucional inglés que es ciertamente William Blackstone (1723-1780), sobre todo con sus *Commentaries on the Laws of England*, publicados entre 1765 y 1769[46]. Puede resultar sorprendente hablar de forma moderada de gobierno en un autor como Blackstone, conocido por sus afirmaciones sobre la soberanía del parlamento, descrito en esta obra como «autoridad suprema, irresistible, absoluta, no contestada, en la cual residen los poderes soberanos»[47]. En realidad, no es difícil vislumbrar cómo con esas afirmaciones se perseguía una finalidad muy concreta, que era la defensa de la tradicional centralidad del parlamento inglés —tradicionalmente compuesto de las tres ramas: monárquica, aristocrática y popular— ante la tendencia, ya verdaderamente fuerte, a poner todo en discusión partiendo desde la base, desde la función de los partidos del cuerpo electoral y las mayorías parlamentarias, en la investidura del primer ministro y del ejecutivo. Por esto, entre otras cosas, Blackstone se detenía a criticar la tan moderada admisión del derecho de resistencia del pueblo por parte de Locke[48], temiendo que aquellas argumentaciones pu-

---

44. Monstesquieu, *Esprit des Lois*, XI, 4 y 6.
45. *Ibid.*, XI, 4.
46. W. Blackstone, *Commentaries on the Laws of England*, Oxford, 1765-1769, reed. New York, 1966.
47. *Ibid.*, Introducción, sección segunda.
48. *Ibid.*, I, cap. 2.

diesen justificar la entrada en crisis de la centralidad y de la soberanía del parlamento, dentro de la cual se representaba la tradicional forma mixta y equilibrada de la constitución inglesa.

Por ello, Blackstone afirmaba la soberanía del parlamento sobre todo para negar que pudiese existir *otra soberanía*, que él veía nacer en su presente como una amenaza en la forma de una voluntad popular, que pretendía determinar más o menos directamente —a través de los partidos— el gobierno y su dirección política. Como ya había intuido Bolingbroke, un viraje en esta dirección habría destruido la constitución inglesa fundada sobre la separación entre el legislativo y el ejecutivo, porque habría creado una autoridad política, la del gobierno del primer ministro fundado sobre la mayoría parlamentaria, que resumía en sí los poderes del legislativo y los del ejecutivo. Y por este motivo Blackstone defendía, junto a la soberanía del parlamento, el otro gran pilar de la constitución inglesa, es decir, la titularidad monárquica del gobierno[49].

Pero, ciertamente, Blackstone no olvidaba el argumento permanente del constitucionalismo inglés, desde Locke en adelante, que era siempre el de la tutela de los derechos. En efecto, la constitución que defendía no puede concebirse como un juego de límites sin contenido, de pesos y contrapesos. Siempre era necesario terminar recordando que la excelencia de la forma de gobierno moderada de los ingleses consiste en el hecho de que es lo mejor que los hombres han inventado para obtener una buena y eficaz tutela de los derechos. Así, con evidente orgullo, Blackstone afirma que «los derechos absolutos que pertenecen a todos los ingleses» —desde la seguridad de la libertad personal y del libre goce de los propios bienes— existen porque los ingleses en realidad nunca se han desviado de su constitución, que es bastante más fuerte que las continentales, bastante más precisa y determinada para impedir la formación de «un poder despótico y arbitrario de inspección sobre las acciones de los individuos»[50].

En suma, era necesario pensárselo bien antes de abandonar la experimentada vía del *King in Parliament*, del recíproco control entre las tres ramas del parlamento, de la separación y del equilibrio entre legislativo y ejecutivo[51]. Por el momento, era aquélla, y

---

49. *Ibid.*, I, cap. 8.
50. *Ibid.*, I, cap. 1.
51. No es necesario recordar los numerosos lugares en que Blackstone reproduce los mecanismos de *checks and balances* que ya conocemos. De todas maneras, puede verse *ibid.*, I, cap. 2.

no sólo en Inglaterra, la única constitución en la que se podía confiar de verdad.

3. *Las revoluciones*

A mediados del siglo XVIII, e incluso después, el constitucionalismo era capaz de expresarse de manera fuerte y autorizada. Si abrimos el primer volumen de la conocidísima *Encyclopédie*, impreso en 1751, comprendemos que la idea dominante no es la revolucionaria de la soberanía popular, que pronto aparecería expresada en las páginas de Rousseau, sino la del *contrato* entre el pueblo, o la nación, y el príncipe, que tenía su raíz primera —como sabemos— nada menos que en el pasado medieval, y que de todas maneras pertenecía a la gran familia constitucionalista, en el sentido de que se traducía esencialmente en un tipo de argumentación política con la que se apuntaba a limitar la extensión del poder. Así sucedía, en concreto, dentro de ese volumen, con la reflexión de Diderot sobre la autoridad política, toda ella dirigida a demostrar que «el verdadero y legítimo poder tiene necesariamente límites», derivados del hecho de que el príncipe no puede «casar el acto o el contrato» que está en el fundamento de su autoridad. Y enseguida Diderot añadía lo que era consecuente y casi obligado en la lógica inevitablemente bilateral del contrato, es decir, que tampoco el pueblo podía arbitrariamente disponer del contrato, desconociendo la autoridad constituida del príncipe, e invitaba por ello a ese pueblo a usar de la máxima cautela en el ejercicio del derecho de resistencia[52].

El ensayo de Diderot muestra muy bien cómo el constitucionalismo que hasta aquí hemos conocido no sólo produce limitaciones a los poderes públicos constituidos, sino que también opera en sentido profundamente inhibitorio en relación con el posible surgimiento de la gran idea del pueblo soberano, dentro de la cual simplemente se representaba la ruptura unilateral del contrato por parte de uno de los sujetos contratantes, por parte del mismo pueblo. Por ello, Rousseau, para afirmar la soberanía del pueblo, se enfrentó en primer lugar a la misma idea del contrato entre pueblo y gobernantes, y por ello su obra fue condenada en primer lugar por este aspecto, en cuanto destructiva de aquel orden constitucio-

---

52. D. Diderot, «Autorité politique», en *Encyclopédie*, julio 1751, vol. I; trad. cast. «Autoridad política», en *La Enciclopedia. Selección de artículos políticos*, ed. de Ramón Soriano y Antonio Porras, Madrid, 1986, pp. 6-16.

nal contractualmente definido en el que todos los sujetos, gobernantes y gobernados, encontraban su puesto y su medida[53]. Por ello, en fin, la gran elaboración teórica del constitucionalismo inglés había encontrado una solución en la afirmada soberanía del parlamento, que en Blackstone tenía el doble valor de producir una imagen limitada del poder —ya que el parlamento inglés estaba estructurado de forma compuesta y comprensiva del poder de veto del que era titular el poder ejecutivo monárquico—, pero también una imagen fuerte del poder constituido, capaz de contrarrestar la combativa aspiración del pueblo a determinar la forma política y, en concreto, la dirección política del gobierno[54].

Pero precisamente en Inglaterra, y ya en el curso de los años setenta del siglo XVIII, la compacta construcción constitucionalista comenzó a mostrar sus primeras grietas. En un ensayo de 1770 Edmund Burke (1729-1797) planteó con fuerza por primera vez la cuestión política del gobierno, sosteniendo la necesidad de reconducir la elección de los ministros y la orientación política del país en esencia a la voluntad de los electores, organizada y guiada por los partidos[55]. En realidad, en Burke no existía el propósito de afirmar un principio de soberanía popular, se trataba más bien de actuar en sentido correctivo sobre el sistema institucional existente, que a su juicio, en ese preciso momento histórico, se había encerrado demasiado en sí mismo, terminando por producir una práctica personalista nociva, sobre todo por parte del rey en la elección de los ministros.

El problema, sin embargo, estaba planteado, y la voluntad directa del pueblo volvía a observarse más allá de las densas mallas de la constitución histórica inglesa. Así, pocos años después, Jeremy Bentham (1748-1832), con su breve pero denso ensayo, dedicado precisamente al gobierno, atacó finalmente de frente y con decisión esa constitución[56]. El razonamiento de Bentham estaba explícita-

---

53. Véase a propósito el primer epígrafe de este mismo capítulo.
54. Véase a propósito el segundo epígrafe de este mismo capítulo.
55. E. Burke, «Thoughts on the Cause of the Present Discontents» (1770), en *The Writings and Speeches of Edmund Burke* II, ed. de P. Langford, Oxford, 1981, pp. 241 ss.; trad. cast. «Pensamientos sobre las causas del actual descontento», en Id., *Textos políticos*, México, 1984, pp. 261-293.
56. J. Bentham, *A Fragment on Government* (1776); trad. cast. *Fragmento sobre el gobierno*, Madrid, 1985. Sobre la ubicación de Bentham en los orígenes del filón democrático de la doctrina constitucional inglesa del siglo XIX, véase el excelente ensayo de J. Varela Suanzes, «La Monarquía en la teoría constitucional británica durante el primer tercio del siglo XIX»: *Quaderni fiorentini per la storia del pensiero giuridico moderno* 23 (1994), pp. 9 ss.

mente dirigido contra Blackstone, y contra la apología que éste había hecho de las excelencias de la constitución inglesa y de su gobierno mixto. Según Bentham la verdadera diferencia entre el gobierno libre y el tiránico no venía dada por la mayor posibilidad de oponer límites al primero en nombre de la constitución, sino por el modo de participación en el supremo poder legislativo «de las distintas clases», por los «frecuentes y fáciles cambios de condición entre gobernantes y gobernados», por la «responsabilidad de los gobernantes» frente a los electores y al país, por el modo de organizar las libertades políticas más importantes, como la de prensa y asociación[57].

En suma, cuando un poder está auténticamente legitimado por el consenso popular, cuando está controlado por el pueblo y es responsable ante él, ya no tiene sentido insistir en el aspecto del límite, tan querido por la tradición constitucionalista. En esa situación, más bien, ni siquiera será posible individualizar «leyes que están más allá de cuanto el poder legislativo pueda jamás hacer», sobre la base del mandato recibido por el pueblo y la búsqueda —según el criterio de utilidad— de la finalidad del interés público[58]. En definitiva, la constitución ya no será necesaria, la cual es incluso calificada por Bentham —en una obra inmediatamente posterior— como una especie de «entidad ficticia», que se había querido reconstruir en el tiempo arbitrariamente a partir de la existencia de una serie de leyes que positivamente disciplinaban la esfera del derecho público[59].

La situación del último cuarto del siglo XVIII podía representarse así en los siguientes términos: por una parte, la tradición constitucionalista del poder limitado; por otra, la aspiración naciente de poner en discusión la forma política y la misma tradición por el mismo pueblo, que en el caso de Rousseau era sin medias tintas definido como soberano.

Las dos tendencias se presentaban de manera profundamente divergente e incluso opuesta. La primera pertenecía al campo de la constitución, la segunda pertenecía al campo de la soberanía. La tradición constitucionalista condenaba la idea naciente de la soberanía popular, en la que veía la producción de una ruptura del orden constitucional, la disolución del vínculo de obediencia polí-

---

57. J. Bentham, *A Fragment*, cit., p. 165.
58. *Ibid.*, p. 167.
59. J. Bentham, «Of Laws in General» (1782), ed. de H. L. A. Hart, en *The Collected Works of Jeremy Bentham* I, 7, ed. de J. Burns, London, 1970, p. 12.

tica en relación a los poderes constituidos y, también, la pérdida del valor de la misma constitución, y así de todos los límites y de todos los equilibrios de los poderes y entre los poderes, que al menos en el caso inglés representaban la mejor garantía posible a favor de los mismos derechos de los individuos. Y, por el contrario, quien sostenía la necesidad de refundar las instituciones políticas sobre la base de la voluntad popular terminaba inevitablemente, como en el caso de Bentham, por considerar la constitución como algo embarazoso, o quizás como una ficción construida para mantener vivos unos poderes, como los del rey y las aristocracias parlamentarias inglesas, irresponsables en esencia frente al pueblo. La constitución temía a la soberanía popular, y el pueblo soberano temía a la constitución.

Las revoluciones del fin del siglo XVIII, primero la americana y después la francesa, representan en este sentido un momento decisivo en la historia del constitucionalismo, porque sitúan en primer plano un nuevo concepto y una nueva práctica que están destinados a poner en discusión la oposición entre la tradición constitucionalista y la soberanía popular. Se trata, en pocas palabras, del *poder constituyente* que los colonos americanos ejercieron primero en 1776, con la finalidad de declarar su independencia de la madre patria inglesa y, después, en los años siguientes, con la finalidad de poner en vigor las constituciones de los distintos Estados y la Constitución federal de 1787. Poder constituyente que los mismos revolucionarios franceses ejercitaron a partir de 1789, con la finalidad de destruir las instituciones del antiguo régimen y de generar una nueva forma política[60].

Ese poder constituyente, ejercitado por los colonos americanos, por los pueblos de los Estados americanos, por el pueblo americano, por la nación y el pueblo francés, pone en discusión la relación entre tradición constitucionalista y soberanía popular por razones que se intuyen con facilidad. En el ejercicio del poder constituyente estaba contenida una indestructible expresión de la soberanía, con la que todo un sujeto colectivo pretendía reconstruir toda una nueva forma política. Era lo que el constitucionalismo siempre había temido. Pero lo realmente extraordinario de lo que estaba sucediendo era que esa misma voluntad soberana tendía a asociarse explícitamente a la constitución, a convertirse en voluntad genera-

---

60. Por razones de brevedad, nos referimos aquí a un trabajo nuestro, que contiene la bibliografía esencial sobre la materia: M. Fioravanti, *Los derechos fundamentales* I. *Apuntes de historia de las constituciones*, Madrid, ³2000.

dora de orden, de renovada estabilidad. El poder constituyente de las revoluciones puede ser representado como el punto en el que las dos distintas y opuestas tradiciones, la de la soberanía y la de la constitución, tienden a confluir, a relacionarse.

Las formas y los modos de esta relación fueron distintos en las dos orillas del Atlántico, en Francia y en el curso del proceso que condujo a las colonias inglesas a la independencia y a la Constitución federal. En este segundo caso, fue ciertamente decisivo el hecho de que todo ese proceso parte de la bien conocida cuestión de la injusta tasación por parte del parlamento inglés. Contra aquel acto legislativo las colonias, que reconocían ya en sus propias asambleas verdaderas y propias formas legítimas de representación política, y que no se sentían representadas en el parlamento inglés, se alzaron invocando los más sagrados principios de la tradicional constitución inglesa, y en particular aquel encerrado en la conocidísima máxima —*no taxation without representation*— que imponía la aprobación formal de la imposición de los tributos por las asambleas políticas representativas.

La Revolución americana nace bajo el lema de la oposición de la constitución a la ley del parlamento. Así, en las deliberaciones de la asamblea de Virginia de 30 de mayo de 1765 podemos leer que el acto impositivo de tributos por parte del parlamento inglés debe considerarse «ilegal, inconstitucional e injusto»[61]. Es la primera vez que el término-concepto de «constitución» es adoptado contra la ley en sentido plenamente normativo con la explícita intención de considerar esa ley inválida, no generadora de una obligación legítima.

Aún había más. En uno de los escritos más influyentes de ese periodo, de James Otis (1725-1783), publicado precisamente en 1764 y dedicado a *The Rights of the British Colonists*, todo el instrumental de los derechos de los *britishmen* es traído de nuevo a primer plano, con la esperanza todavía viva de que sobre ese plano pudiese solucionarse pacíficamente la controversia con la madre patria; pero incluyendo la referencia a aquella parte de la obra de Locke en la que se afirmaba, para casos extremos, el poder primario del pueblo de abolir el legislativo que hubiese traicionado la confianza en él depositada, o que hubiese atentado contra los dere-

---

61. Para los documentos de la controversia con Inglaterra véase: *Prologue to Revolution. Sources and Documents on the Stamp Act Crisis, 1764-1766*, ed. de E. S. Morgan, New York, 1973, pp. 44 ss. Para el lector italiano, los principales textos se encuentran en *La formazione degli Stati Uniti d'America* I, ed. de A. Aquarone, G. Negri y C. Scelba, Pisa, 1961, pp. 247 ss.

chos de los individuos[62]. Se inaugura así un tipo de argumentación que después —en el curso de la revolución— será muy popular, con la que se intentaba sostener la superioridad de la constitución a partir de una doble base: la tradicional de la constitución inglesa y de los derechos absolutos de los *britishmen*, y la nueva del poder constituyente y de los derechos naturales de los individuos.

Los dos planos se cortan de manera clarísima incluso en los años inmediatamente anteriores a la Declaración de independencia. Basta leer a propósito el escrito publicado en 1774 por Thomas Jefferson (1743-1826), dedicado también a exponer los derechos de los *britishmen* en tierra americana[63], en el que en primer plano aparece la constitución como acto que el pueblo soberano puede y debe imponer con su poder constituyente en todas aquellas situaciones en que sea manifiesta y declarada la condición de tiranía, la degradación de los derechos de los individuos, pero no separada de la llamada permanente al tradicional valor garante de la constitución inglesa. Y, por lo demás, esta misma duplicidad está presente en el mismo texto de la Declaración: de una parte, se afirma casi con orgullo el poder del pueblo soberano de «abolir» el gobierno injusto que no haya salvaguardado los derechos de los individuos; de otra, se reconoce continuamente la revolución como una «necesidad» a la que se había llegado después de haber intentado hasta el final evitar la ruptura, con la voluntad de mantenerse dentro del universo histórico-cultural de los *britishmen*, que evidentemente es todavía asumido como un valor positivo del que difícilmente será posible separarse completamente.

La complejidad de estas alusiones, en parte referidas a la nueva realidad con fundamento iusnaturalista del poder constituyente, y en parte referidas a la tradicional constitución inglesa, es lo que constituye en su conjunto la base intelectual de la Constitución federal de 1787. Se trata, por un lado, de una constitución inequí-

---

62. J. Otis, «The Rights of the British Colonists Asserted and Proved» (1764), en *Pamphlets of the American Revolution*, ed. de B. Bailyn, Cambridge, Mass., 1965. Trata con acierto la figura de Otis R. H. Webking, *The American Revolution and the Politics of Liberty*, Louisiana, 1988, pp. 16 ss. Sobre la tensión entre el principio de soberanía popular y los tradicionales principios del constitucionalismo inglés véanse: E. S. Morgan, *Inventing the People. The Rise of Popular Sovereignty in England and America*, New York-London, 1988; y J. P. Reid, *The Concept of Liberty in the Age of the American Revolution*, Chicago-London, 1988.

63. Th. Jefferson, «Summary View of the Right of British America» (1774), en *The Papers of Thomas Jefferson* I, ed. de J. Boyd, Princeton-New York, 1950-1992, pp. 121 ss.; trad. cast. «Visión sucinta de los derechos de la América británica», en *Autobiografía y otros escritos*, Madrid, 1987, pp. 301-320.

vocamente democrática, sólidamente fundada sobre el poder constituyente del pueblo americano, que como tal no puede de ninguna manera considerarse como una especie de fruto póstumo de la tradicional constitución mixta inglesa: para los americanos ya no existen «fuerzas» y «realidades» que componer, sino sólo Estados que unir con el vínculo federal, y poderes federales que legitimar mediante el consenso de los ciudadanos[64]. Y, sin embargo, mirándolo bien, los americanos no hacían sino contraponer su poder constituyente y su Constitución, en sentido de limitación y garantía, al último y perverso producto de la tradición de la constitución mixta, que a sus ojos era la omnipotencia del parlamento inglés, que precisamente derivaba de considerarse expresión necesaria de todas las «fuerzas» y de todas las «realidades», como por encanto compuestas y equilibradas en él. Por ello, el ejercicio democrático del poder constituyente nacía desde el inicio, en esa realidad, en sentido limitativo, con la finalidad de oponer una ley superior a la ley de un poder constituido —el parlamento inglés— que se había salido de los confines de su legítima jurisdicción.

Los americanos quisieron una constitución democrática contra la degeneración en sentido parlamentarista de la tradicional constitución mixta inglesa, en la que reconocieron una nueva forma de absolutismo. Precisamente por esto, en un plano completamente distinto, el de la forma de gobierno, el de la organización constitucional de las relaciones entre los poderes, fueron capaces de recuperar de la misma tradición inglesa las técnicas de los contrapesos, inspiradas en la búsqueda del equilibrio entre los poderes y dirigidas también al objetivo de la limitación de los poderes. Las dos matrices, la democrática y constituyente y la tradicional inglesa, terminaban así por confluir, por concurrir juntas a prefigurar y sostener el ideal constitucional del gobierno limitado. Lo que al fin emerge fue *una constitución democrática* dirigida a instituir *un gobierno limitado*, en el sentido específico de un gobierno comprensivo de poderes que resultan ser *todos intrínsecamente limitados*, precisamente porque no eran originarios, sino derivados del poder constituyente que los había previsto en la constitución con ciertas competencias, de manera que los considera legítimamente

---

64. Sobre la posición en teoría más cercana a los tradicionales modelos ingleses véase J. Adams, *A Defence of the Constitutions of Government of the United States of America*, London, 1787, que se refiere sin embargo a las constituciones de los Estados singulares, que en ciertos casos habían efectivamente asumido la forma radical de la constitución monista, fundada sobre el poder absoluto de los representantes del pueblo. Véase también J. Adams, *Rivoluzioni e Constituzioni*, ed. de F. Mioni, Napoli, 1997.

operantes sólo en un determinado ámbito previamente definido, y además los dispone de manera que puedan y deban frenarse recíprocamente, utilizando la técnica de los contrapesos que la tradición inglesa todavía ponía a su disposición[65].

La exposición doctrinal de este tipo de constitución se encuentra claramente en las páginas del *Federalist*, escritas y publicadas en 1788 con la finalidad de sostener la causa de la Constitución federal, por obra en primer lugar de Alexander Hamilton (1755-1804) y de James Madison (1751-1836)[66]. Especialmente el primero, sobre todo con la finalidad de sostener la necesidad de un gobierno nacional federal fuerte, recurre varias veces a la figura del poder constituyente del pueblo americano como fundamento de las nuevas instituciones políticas[67]. Pero lo que de verdad domina esta obra en el plano teórico es la distinción elaborada por Madison entre régimen *democrático* y régimen *republicano*[68]. El segundo es el régimen que los americanos estaban introduciendo, y es también el que prefería el mismo Madison. En efecto, el régimen republicano contiene en sí la necesaria opción democrática, porque se expresa a través de una constitución que se funda de manera explícita sobre el poder constituyente del pueblo soberano. Lo que el régimen republicano rechaza es la presencia de la opción democrática más allá de la constitución republicana, en la perspectiva de un régimen que al calificarse de democrático termina inevitablemente por producir formas de gobierno «puras», que se reconectan en un único principio inspirador y desembocan necesariamente en constituciones orientadas a concentrar los poderes, en general, en la asamblea de los representantes del pueblo.

Lo que el *Federalist* describía y sostenía era por ello *una constitución republicana*, democrática en lo que atañía a su fundamento, moderada y *equilibrada* en lo que atañía a la articulación de los poderes previstos y disciplinados en esa constitución. Este segundo perfil —incompatible con una constitución puramente democráti-

---

65. Sobre la diferencia entre Inglaterra y los Estados Unidos en relación a la tradición de la constitución mixta, véanse las convincentes observaciones de W. Nippel, *Mischverfassungstheorie*, cit., pp. 292 ss. Sobre las fuentes intelectuales y culturales del constitucionalismo americano consideramos esenciales: P. A. Rahe, *Republics Ancient and Modern. Classical Republicanism and the American Revolution*, Chapell Hill-London, 1982.

66. A. Hamilton, J. Madison y J. Jay, *The Federalist*, New York, 1788; trad. cast. *El federalista*, México, 1943.

67. *Ibid.*, n. 22.

68. *Ibid.*, n. 10.

ca— comprendía determinadas decisiones de los constituyentes americanos: el bicameralismo, el poder de veto del presidente, el necesario consenso del Senado para el ejercicio de determinados poderes presidenciales. Son las decisiones que el mismo Madison defiende con vigor de los ataques de los antifederalistas, que acusaban a los constituyentes americanos de haber violado el principio de separación de poderes, previendo un presidente que se entrometía en el ejercicio del poder legislativo mediante el poder de veto y, por otro lado, un Senado que se entrometía en el ejercicio del poder ejecutivo, condicionando con su consenso la actuación del mismo presidente. Madison muestra aquí con gran claridad cómo el objetivo de una auténtica constitución republicana, como la que se quería introducir en América, no debe ser tanto el de una abstracta separación de poderes, sino el de un concreto equilibrio entre los poderes, de forma que se obtenga el resultado de conjunto del gobierno limitado[69]. Y así, lo que para los antifederalistas es una «injerencia» resulta ser en realidad lo que sirve para mantener a cada poder en su ámbito, según la lógica ya enunciada por Montesquieu del poder que frena el poder.

Pero eso no es todo. Es evidente que para Madison, y también para Hamilton, el poder más temible para la constitución republicana es el poder legislativo, porque reúne las prerrogativas más relevantes: la de hacer la ley y la de imponer los tributos. Esa constitución debe enfrentarse por ello con la «tendencia del legislativo a absorber los otros dos poderes», el ejecutivo y el judicial, y propugnar e imponer «la subordinación a las leyes», pero no «la dependencia absoluta a la autoridad legislativa»: especialmente cuando los representantes del pueblo «parecen creerse que son el mismo pueblo» y ya no uno de los poderes constituidos, que deriva como los otros del poder constituyente del pueblo soberano y, por ello, sólo legitimado y autorizado en ciertos casos[70].

Ésta es también la base sobre la que el mismo Hamilton afirma el poder de los jueces a declarar nulos los actos del legislativo contrarios a la constitución, que en seguida se desarrollará en la conocidísima dirección del control difuso de constitucionalidad[71].

---

69. *Ibid.*, nn. 47, 48, 51 y 63. Las posiciones de los antifederalistas han sido examinadas con claridad por B. Manin, «Checks, Balances and Boundaries: The Separation of Powers in the Constitutional Debate of 1787», en B. Fontana (ed.), *The Invention of the Modern Republic*, Cambridge, 1994, pp. 27 ss.

70. A. Hamilton, J. Madison y J. Jay, *The Federalist*, cit., n. 71.

71. *Ibid.*, n. 78. Sobre estas conocidísimas páginas de Hamilton véase al menos J. R. Stoner, *Common Law and Liberal Theory. Coke, Hobbes and the Origins of the*

Se trata, mirándolo bien, de una elección casi obligada dentro de la constitución republicana, tan unida a la finalidad de evitar que los representantes del pueblo terminen por confundir su voluntad con la ley fundamental, de recordar que esa ley es superior a ellos y a cualquier otro poder constituido. Los jueces —en el momento en que declaran nula una ley contraria a la constitución— no están afirmando su superioridad sobre el legislativo, sino que son instrumentos de la constitución, que se sirve de ellos con la finalidad de reafirmar la superioridad de la ley fundamental sobre las leyes ordinarias, del poder originario del pueblo entero sobre el poder derivado del legislador, de las asambleas políticas, de la mayoría de turno.

En definitiva, el control de constitucionalidad es esencial e indispensable no sólo como instrumento de protección de los derechos de los individuos y de las minorías —como el mismo Hamilton afirmaba— en relación con los posibles actos arbitrarios de los legisladores y de las mayorías políticas, sino también y sobre todo con el fin de impedir que uno de los poderes, el más fuerte, que siempre es el poder legislativo, pueda aspirar a cubrir y representar todo el espacio de la constitución, identificándose con su fundamento primero, con el mismo pueblo. Es como si los jueces, actores e instrumentos de aquel control, recordasen continuamente a los legisladores que ellos están allí para ejercer un poder muy relevante pero siempre derivado, al haber sido recibido del pueblo soberano mediante la constitución.

Si ahora miramos la experiencia constitucional americana en su conjunto, nos damos cuenta de que está sustancialmente dirigida a *conciliar* la tradición del constitucionalismo con la novedad de la soberanía popular. La primera no podía, en efecto, reproducirse sola. La fase más reciente de la historia constitucional inglesa mostraba con absoluta claridad que sin una constitución escrita —sólidamente fundada sobre el poder constituyente del pueblo soberano que indicase prescriptivamente de manera segura los límites y los ámbitos de cada poder— el constitucionalismo estaba destinado a traducirse en una mera búsqueda de equilibrios dentro de un parlamento ahora ya abiertamente declarado soberano por los mismos ingleses. En pocas palabras, el *constitucionalismo sin democracia* producía absolutismo parlamentario. Pero también era verdad lo

---

American Constitutionalism, Lawrence, Kan., 1992, pp. 197 ss. Para el lector italiano, los textos de referencia interesantes para los desarrollos sucesivos están en J. Marshall, «*Judicial Review*» *e Stato federale*, ed. G. Buttà, Milano, 1998.

contrario, como en todo proyecto de conciliación. Con parecida fuerza, los americanos temían también *la democracia sin constitucionalismo*, que igualmente conducía a la concentración de los poderes en la soberana asamblea de los representantes del pueblo, y también a esta segunda contraponían la supremacía de la constitución como garantía de poderes limitados, en relación de equilibrio entre ellos.

Toda esta construcción encontrará después una sintética y clarísima formulación en un célebre pasaje de la obra de Thomas Paine (1737-1809) dedicada a los derechos del hombre: «Una Constitución no es producto de un gobierno sino del pueblo que constituye un gobierno, y el gobierno sin Constitución es poder sin derecho»[72]. Aquí están contenidos todos los elementos que conocemos, y en concreto la primacía de la constitución querida por el pueblo soberano sobre el gobierno, entendido éste como conjunto de poderes constituidos, derivados de la misma constitución. Paine escribía sin embargo en 1791. Había visto ya el estallido de la revolución en Francia, que había debutado en 1789 con la célebre Declaración de los derechos del hombre y del ciudadano. Y en el mismo año en el que Paine daba a la imprenta su libro los americanos estaban enmendando su constitución, introduciendo el *Bill of Rights* que Hamilton en el *Federalist* había juzgado innecesario e incluso —en ciertos aspectos— más bien peligroso, como si contuviese implícita la admisión de que de alguna manera los nuevos poderes federales tenían el poder de disciplinar los derechos de los individuos[73].

El hecho es que Paine —a caballo entre dos revoluciones, la americana y la francesa, y en nombre de esos derechos naturales que veía expresados, aunque de forma distinta, en las dos orillas del Atlántico— declaró la guerra a la tradición constitucional inglesa, monárquica y aristocrática, con una fuerza y una intensidad que no resultan ciertamente fáciles de hallar en las páginas de Madison o de Hamilton. No por casualidad él saca a la luz, de alguna manera junto al mismo Jefferson, un aspecto de la supremacía de la constitución que había sido cuidadosamente eludido por los autores del *Federalist*: si esa constitución es suprema porque es voluntad del

---

72. Th. Paine, «Rights of Man I-II» (17791-1792), en Íd., *Rights of Man, Common Sense and Other Political Writings*, Oxford, 1995. Hemos utilizado aquí la traducción italiana más usual: Íd., *I diritti dell'uomo e altri scritti politici*, ed. de T. Magri, Roma, 1978, p. 256; trad. cast. *Derechos del hombre*, ed. de Fernando Santos, Madrid, 1984.

73. A. Hamilton, J. Madison y J. Jay, *The Federalist*, cit., n. 84.

pueblo soberano, no se puede impedir —sostienen Paine y Jefferson— que ese mismo pueblo revise continua y periódicamente, al menos una vez cada generación, la misma constitución[74].

Con esto, a la imagen de la supremacía de la constitución querida por el pueblo soberano, que ordena y limita los poderes, se sobrepone la imagen, sin duda distinta —más fuerte y más inquietante también— del pueblo soberano que actúa a través de su constitución, de manera casi permanente y en continua renovación, porque tiene un deber fundamental que realizar, que es en esencia el de destruir el antiguo régimen, en el caso de Paine la tradicional constitución inglesa, monárquica y aristocrática. Precisamente el ensayo de Paine mostraba bastante bien cómo la total ruptura de todo ligamen con la tradición constitucionalista del equilibrio de los poderes amenazaba con transformar la supremacía de la constitución democráticamente fundada en otra cosa, en la afirmación, a secas y sin componendas, de la soberanía del pueblo a través de una constitución sometida continuamente a revisión por parte de ese mismo pueblo soberano.

En realidad, los americanos sólo en parte corrieron este riesgo. Una vez agotado el impulso revolucionario, y una vez emanada la Constitución federal, acabaron por utilizar la práctica de la enmienda de manera ordenada y constitucionalmente prescrita, sobre la base del artículo quinto de la misma Constitución. La Constitución federal fue así revisada varias veces, e incluso en aspectos decisivos, pero sin poner en discusión los fundamentos, sin tener ya necesidad de evocar y de poner en movimiento la originaria fuerza generadora del pueblo soberano.

No fue así para los constituyentes franceses, que se encontraban en una situación en esencia distinta. Quien debía asumir la formidable tarea de demoler todo el conjunto de las relaciones políticas y sociales del antiguo régimen no podía permitirse el lujo de concebir el pueblo soberano sólo como origen y fundamento de la constitución. Ese pueblo debía entenderse más bien, en sentido plenamente político, como *el soberano* que a través de la constitución representa y sostiene el proceso revolucionario. Por este motivo, Emmanuel-Joseph Sieyès (1748-1836), ciertamente el más lúcido de los intérpretes de la revolución, en su célebre ensayo sobre el

---

74. *Ibid.*, n. 49, para la refutación por parte de Madison de la opinión de Jefferson dirigida a propugnar la obligatoria revisión periodica de la constitución. Sobre este aspecto, con referencia a Paine y a Jeferson, véase S. Holmes, «Vincoli costituzionali e paradosso della democrazia», en *Il futuro della costituzione*, cit., pp. 171 ss.

Tercer Estado publicado precisamente en 1789, saca de la nueva y potente imagen del poder constituyente consecuencias bastante distintas a las de los revolucionarios americanos. También él, como estos últimos, pone de relieve el aspecto del límite a los poderes constituidos que se contiene en la constitución instaurada por el mismo poder constituyente. Pero no se queda ahí. Al menos con igual fuerza sostiene que la constitución que limita los poderes constituidos no puede de ninguna manera limitar el poder constituyente: la nación, que es para Sieyès el sujeto soberano, «no debe encerrarse en las trabas de una forma positiva», y «no debe ni puede someterse a formas constitucionales»[75]. Se trata de páginas bastante claras, en las que aparece con fuerza la cuestión de la soberanía y la necesidad de encender el motor de la revolución, y de dejar que él guíe la revolución a su resultado. La constitución deberá disciplinar los poderes que la misma revolución instituye, pero nunca podrá pretender apagar ese motor.

Esas mismas páginas hacían clara la agotadora discusión dieciochesca sobre la constitución como orden fundamental del reino, como *bon ordre du royaume*, o también como *constitution de l'État*[76], eventualmente encaminada a perfeccionar, a fijar, o quizás también a regenerar. Los eventos empujaban hacia otro lugar, hacia la creación de una constitución integralmente nueva, fundada sobre la permanente fuerza soberana del pueblo, de la nación. Todo cambiaba de significado en esta situación. También el gran tema iusnaturalista de los derechos de la nación, que había encontrado en la mitad del siglo una limpidísima formulación en el tratado de Emer de Vattel: «Resulta entonces claro que la nación tiene pleno derecho para formar ella misma su constitución, para mantenerla, para perfeccionarla y para regular con su voluntad todo lo que concierne al gobierno»[77]. Es lo que el mismo Sieyès afirmaba, pero

---

75. E.-J. Sieyès, *Qu'est-ce-que le Tiers État?*, s. l., 1789; trad. cast. *¿Qué es el Tercer Estado?*, Madrid, 1989. Sobre Sieyès véase ahora P. Pasquino, *Sieyès et l'invention de la Constitution en France*, Paris, 1998.

76. Sobre esta discusión véanse al menos: W. Schmale, «Constitution, Constitutionnel», en *Handbuch politisch-soziale Grundbegriffe in Frankreich*, München, 1992, cuaderno 12, pp. 31 ss.; M. Valensise, «La constitution française», en *The French Revolution and the Creation of Modern Political Culture I. The Political Culture of the Old Regime*, ed. de K. M. Baker, Oxford, 1987, pp. 441 ss.; K. M. Baker, «Costituzione», en F. Furet y M. Ozouf (ed.), *Dictionnaire critique de la Revolution Française*, Paris, 1988; trad. cast. *Diccionario de la Revolución francesa*, Madrid, 1989; y P. Colombo, *Governo e Constituzione. La trasformazione del regime politico nelle teorie dell'età rivoluzionaria francese*, Milano, 1993.

77. Emer de Vattel, *Le droit des gens ou principes de la loi naturelle*, Leiden,

que en el contexto concreto de la revolución asumía ahora el ulterior significado de la individuación del sujeto soberano, artífice de la revolución y de la constitución al mismo tiempo.

En la posición indicada por Sieyès la constitución de la revolución no podía ser otra cosa que *una constitución del pueblo soberano*. De lo que derivaban problemas de no poca importancia, que el mismo Sieyès puso repetidamente en evidencia en las intervenciones y en los escritos pronunciados y publicados durante el año 1789[78]. El primero y más relevante era ciertamente el de la representación política, que los revolucionarios americanos —como sabemos— habían resuelto sin equívocos con la lógica del poder legislativo como poder integralmente constituido, autorizado y limitado por la constitución. No podía ser así en la realidad diferente de la Revolución francesa. En una situación en la que el pueblo soberano no podía ni debía ser simplemente el origen de la constitución, aparecía inevitablemente el problema de transferir a uno de los poderes instituidos por la constitución la fuerza originaria, que se quería permanente, de aquel mismo pueblo. Y este poder no podía ser otro que el legislativo, el poder de los representantes del pueblo, que por ello asumía una configuración que excedía de la dimensión perteneciente a un mero poder constituido.

De aquí el continuo e incierto oscilar, bien presente también en las páginas de Sieyès[79], entre una concepción de la representación cercana al mandato, basada en el poder de instrucción y de revocación por parte del pueblo, y una concepción que en la misma representación ve incluso la condición necesaria para la existencia —casi en sentido hobbesiano— del mismo pueblo como unidad política. Por una parte, la representación es legítima, ya que el pueblo no aliena en ella su propia soberanía; por otra parte, el pueblo existe políticamente porque se expresa de manera representativa. Se trata

---

1758, libro I, cap. III, par. 31; existen varias traducciones antiguas al castellano, así: *El derecho de gentes o principios de la ley natural*, 3 vols., Madrid, 1822.

78. E.-J. Sieyès, «Osservazioni sui poteri e sui mezzi di cui i rappresentanti della Francia potranno disporre nel 1789»; «Preliminari della costituzione. Riconoscimento ed esposizione ragionata dei diritti dell'uomo e del cittadino»; «Discorso sulla questione del veto regio»: todos en Íd., *Opere e testimonianze politiche*, ed. de G. Troisi Spagnoli, Milano, 1993, pp. 113 ss., 375 ss., 433 ss.; trad. cast. «Consideraciones sobre los medios de ejecución de los cuales los representantes de Francia podrán disponer en 1789»; «Preliminar de la constitución. Reconocimiento y exposición razonada de los derechos del hombre y del ciudadano»; «Palabras del abate Sieyès sobre la cuestión del veto real»: todos en *Escritos políticos de Sieyès*, ed. de David Pantoja Morán, México, 1993, pp. 63-114, 177-189, 207-217.

79. *Ibid.*, pp. 120 ss., 178 ss., 439 ss.

de un teorema casi insoluble, como se aprecia con claridad, del cual sin embargo se sale mediante una firme convicción: que el poder de los representantes del pueblo —que en esencia se traduce en el poder de hacer la ley y de expresar la voluntad general— posee *una naturaleza propia*, distinta de la de los poderes meramente constituidos, y que por ello no puede tener límites constitucionales sino políticos, todos ligados a la fuerza permanente del pueblo soberano y a su poder general de revocación de los propios representantes[80].

Obviamente, no todo era tan claro y firme en 1789. No se puede olvidar, ciertamente, que ése es también el año de la Declaración de los derechos del hombre y del ciudadano[81]. En la Declaración siempre era fácil hallar una presencia fuerte de los derechos naturales individuales, en concreto en los artículos primero y segundo, que podían relacionarse con el conocidísimo artículo decimosexto: «Toda sociedad que no asegura la garantía de los derechos, ni determina la separación de los poderes, no tiene Constitución». Y se podría finalmente concluir que al menos en otros dos artículos, el cuarto sobre la reserva de ley en materia de derechos individuales, y el octavo en materia de prohibición de retroactividad de la ley penal, la Declaración tiende sin duda a configurarse como una verdadera y auténtica constitución, que aspira a establecer límites legales al ejercicio de la potestad legislativa. Sin embargo, todo esto representaba al máximo la primera vertiente de la Declaración, que contenía también, de manera particular en los artículos tercero y sexto, un verdadero y auténtico *programa político*, que consistía precisamente en individualizar en el legislador el sujeto que, a través de la ley como expresión de la voluntad general, representa la nación soberana y realiza los principios que la revolución precisamente en ese momento estaba estableciendo.

Seguramente, en la Declaración podemos encontrar un vínculo —incluso consistente— con la tradición constitucionalista y, en concreto, con la doctrina de los derechos naturales de raíz lockiana.

---

80. Una interesante discusión sobre esta problemática está contenida en K. M. Baker, «Representation», en *The French Revolution and the Creation of Modern Political Culture* I, cit., pp. 469 ss.

81. Sobre la Declaración, por razones de síntesis, nos referimos a M. Fioravanti, *Los derechos fundamentales*, cit., y a la bibliografía allí seleccionada y citada. Añadimos, por su especial relevancia, K. M. Baker, «The Idea of a Declaration of Rights», y J. K. Wright, «National Sovereignty and the General Will. The Political Program of the Declaration of Rights», en *The French Idea of Freedom. The Old Regime and the Declaration of Rights of 1789*, ed. de D. van Kley, Stanford, 1994, pp. 154 ss., y 199 ss.

Pero lo que la Declaración seguramente no decía era que la «garantía de los derechos», de la que hablaba el artículo decimosexto, se debía alcanzar necesariamente a través de la tradicional vía del constitucionalismo seguida por los constituyentes americanos, es decir, separando los poderes de manera que todos estén subordinados, de forma equilibrada entre ellos, a la supremacía de la constitución. Para los constituyentes franceses, la «separación de poderes», de la que hablaba el mismo artículo decimosexto, era más bien una palabra genérica de carácter político, contrapuesta como tal a la fórmula anterior del Estado absoluto, que los eventos sucesivos debían llenar de contenido constitucional. Y, por otra parte, de la misma Declaración surgía con fuerza, esta vez sin posibilidad de equívocos, el papel dominante del legislador y de la voluntad general que ya conocemos. No era difícil prever que la garantía de los derechos se confiaría a ese sujeto y a esa voluntad.

Así sucedió cuando se llegó a la construcción de la forma de gobierno con la Constitución de 3 de septiembre de 1791[82]. Se trataba de una constitución construida completamente en torno a la *primacía del poder legislativo*, privada casi totalmente de verdaderos y auténticos contrapesos, y así de la posibilidad misma de contrastar, en el plano legal y constitucional, ese mismo poder. Es cierto que la Constitución atribuía al rey un importante, aunque sólo suspensivo, poder de veto. Pero también es cierto que el rey debía ejercitar ese poder sólo y exclusivamente en su tradicional, y evidentemente no del todo superada, cualidad de representante de la unidad nacional; y no como titular de un verdadero y auténtico poder distinto, que la Constitución intentase contrapesar con el legislativo, como sucedía en el caso —ya conocido— del poder ejecutivo del presidente de los Estados Unidos. También como tal, es decir, como jefe del poder ejecutivo, el rey aparecía en la Constitución en una posición de total subordinación al legislativo. La Constitución partía, en efecto, de la idea de que el gobierno de la nación debía ser llevado adelante por la misma asamblea legislativa, y que el poder ejecutivo se agotaba por ello en la simple administración superior, en la organización de los medios necesarios para la aplicación de la ley. Un poder así entendido, privado —entre otras cosas— casi totalmente de autónoma potestad normativa, podía ser bien guiado por el que ahora era ya sólo el primer funcionario del Estado, es decir, por el mismo rey.

---

82. Sobre ella véase ahora F. Furet y R. Halévi, *La Monarchie républicaine. La Constitution de 1791*, Paris, 1996.

Lo mismo debe decirse de los jueces y de los tribunales, los cuales, por norma constitucional (Título III, capítulo V, artículo 3), «no pueden injerirse en el ejercicio del poder legislativo, o suspender la ejecución de las leyes». Por lo demás, la Constitución ponía en la cúspide del orden judicial al Tribunal de Casación, que en palabras de Maximilien Robespierre (1758-1794), que enseguida aparecerá a la cabeza del movimiento jacobino, está concebido como «complemento de la Asamblea Legislativa», establecido para la defensa de la integridad de la ley, más que de los derechos de los individuos, y así verdadero y auténtico «protector de la ley, y órgano de vigilancia y control de los jueces», pendiente de evitar que estos últimos, con el instrumento de la interpretación, puedan ofuscar y traicionar la soberana voluntad del legislador[83].

La Constitución era, sin embargo, particularmente incierta en un aspecto. Siguiendo una indicación de Sieyès[84], la Constitución individuaba la figura de los «ciudadanos activos», a los que reservaba el ejercicio del derecho de voto. En realidad, se trataba de un límite censitario más bien modesto, pero lo que interesa es que los ciudadanos activos no elegían directamente a los diputados, sino a los electores de los diputados, que a su vez eran determinados sobre la base de un censo bastante más elevado. La Constitución de 1791 mostraba así claramente que temía la fuerza inmediata del pueblo soberano, el sufragio universal y directo. Era claramente una constitución imperfectamente democrática, que conservaba al rey y temía la voz directa del pueblo.

Por ello fue casi inevitable, en la lógica progresiva de la Revolución inspirada por el criterio-base de la constitución del pueblo soberano, que alguno pensase en completar el carácter democrático de la constitución, precisamente eliminando al rey e introduciendo el sufragio universal y directo. Es lo que sucede con la Constitución jacobina de 24 de junio de 1793.

Ciertamente, la nueva Constitución estaba pensada en clave de discontinuidad respecto a la primera experiencia revolucionaria. No por casualidad comenzaba con una nueva Declaración de derechos, que sustituía la soberanía de la nación por la soberanía del pueblo, entendido ahora sin equívocos como la universalidad de los

---

83. M. Robespierre, «Discorso all'Assemblea Costituente» (25 de mayo de 1790); trad. it. en Íd., *I principii della democrazia*, ed. de A. M. Battista, Padova, 1997; trad. cast. en Íd., *Discursos e informes en la convención*, Madrid, 1968. Para los textos de las Constituciones francesas véase *Les Constitutions de la France depuis 1789*, Paris, 1979.

84. E.-J. Sieyès, *Opere e testimonianze politiche*, cit., pp. 390 ss.

ciudadanos franceses vivos. En esa Declaración se introducían además los derechos de solidaridad, a la instrucción, a la asistencia y al trabajo, que en la Constitución de 1791 sólo estaban presentes como promesas de futuro, apenas mencionados en el ámbito de las disposiciones fundamentales. Pero sobre todo se ponían las premisas, en el plano de los principios, para una integral demolición de la representación política. Y, en efecto, la Constitución de 1793 preveía un verdadero y auténtico mecanismo normativo de transformación del procedimiento de legislación ordinaria en procedimiento de referendo, y sobre todo diseñaba un procedimiento de revisión constitucional que sólo se podía activar desde abajo, a partir de las asambleas primarias dentro de las cuales estaba reunido el pueblo soberano, contrapuesto de manera clara al procedimiento casi exclusivamente parlamentario previsto en la Constitución de 1791.

Y, sin embargo, existe también un solidísimo hilo de continuidad, que une a las dos primeras Constituciones de la Revolución. Se trata, en pocas palabras, de la estructura *monista* de la constitución, es decir, de la tendencia, ya dominante en la primera fase revolucionaria y confirmada en 1793, de representar el sujeto soberano, la nación o el pueblo, en *uno de los poderes* previstos por la constitución, que en ese momento no podía ser otro que el legislativo, el poder de los representantes o de los mandatarios del mismo pueblo soberano. Estos últimos estaban ciertamente sometidos continuamente a la presión de aquel pueblo, que en la Constitución de 1793 era imaginado, con sus asambleas primarias, como un sujeto permanentemente presente; pero mientras no fuesen sometidos a la sanción política de la revocación estaban, en la práctica ordinaria del gobierno, prácticamente privados de límites legales y constitucionales. Y esto servía, tanto en 1791 como en 1793, en primer lugar frente a los otros dos poderes, el judicial y el ejecutivo. A los representantes o mandatarios del pueblo quedaba, en efecto, el deber, ya indicado por Rousseau, de mantener bajo control a los otros dos poderes, de tal manera que impidiesen que la voluntad general, contenida en la ley, pudiese ser traicionada, o simplemente enturbiada y confundida, por aquellos, jueces y administradores, que tenían la obligación de aplicarla y de ejecutarla[85].

---

85. Sobre el modelo constitucional construido por Rousseau, en el sentido indicado en el texto tan influyente en la Revolución francesa, véase el primer epígrafe de este mismo capítulo. Sobre la primacía del legislativo también en el modelo jacobino, véanse los discursos de Robespierre en la Asamblea Constituyente: M. Robespierre, *I principii de la democrazia*, cit., pp. 119 ss. Sobre la desconfianza paralela y conexa

Como es sabido, la Constitución de 1793 nunca entró en vigor. Del enésimo cambio político de la Revolución emergió la solución contenida en la Constitución del año III, de 22 de agosto de 1795[86]. Se trató de una Constitución dominada por la necesidad de reflexionar críticamente sobre el punto que la Revolución había alcanzado en su fase jacobina, y de buscar por ello soluciones más seguras y fiables. Por primera vez, la Revolución intentaba de verdad ponerse un freno a través del instrumento de la constitución, establecer un orden constitucionalmente regulado. Fue así como Sieyès, que en 1789 había entendido la nación como sujeto soberano privado de forma por naturaleza[87], pero que había disentido de los resultados que tal lógica había producido en la fase jacobina, se ve obligado a pronunciarse de modo claro contra la «permanencia del poder constituyente», vista ahora como verdadera y auténtica amenaza contra «cualquier principio de estabilidad»[88]. Se confía así a la constitución la tarea de organizar la máquina política, es decir, el concurso de los poderes constituidos, estableciendo sus competencias y funciones, de manera que se produzca una soberanía limitada que los mantenga «en sus justos límites»[89].

Así, la Constitución de 1795 asume una forma más moderada respecto a las precedentes constituciones de la Revolución. Abandonó el sufragio universal y directo reintroduciendo las elecciones de segundo grado y volviendo a vincular el ejercicio del derecho de voto con el pago de impuestos. Por primera vez se establece un legislativo bicameral, compuesto del Consejo de los Quinientos, titular monopolista del poder de iniciativa legislativa, y del Consejo de los Ancianos, llamado a la aprobación final de la ley. Y, en fin, preveía un Directorio nombrado por el Cuerpo legislativo, compuesto de cinco miembros, a los que la Constitución confiaba un

---

frente al ejecutivo, véase ahora M. Morabito, *Il comando negato. Rivoluzione francese e potere esecutivo*, Manduria-Bari-Roma, 1997.

86. Sobre ella véase ahora *La Constitution de l'an III, ou l'ordre républicain*, Dijon, 1998.

87. Véase *supra* nota 75.

88. E.-J. Sieyès, «Opinione di Sieyès sulle attribuzioni e l'organizzazione del Giurì Costituzionale» (5 de agosto de 1795), en Íd., *Opere e testimonianze politiche*, cit., pp. 823 ss.; trad. cast. «Opinión de Sieyès sobre las atribuciones y la organización de la *jury constitutionnaire* propuesta el 2 del termidor», en *Escritos políticos de Sieyès*, ed. de David Pantoja Morán, México, 1993, pp. 257-272.

89. E.-J. Sieyès, «Opinione di Sieyès su alcuni articoli dei Titoli IV e V del progetto di costituzione» (20 de julio de 1795), en Íd., *Opere e testimonianze politiche*, cit., pp. 792 ss.; trad. cast. «Opinión de Sieyès sobre varios artículos de los títulos IV y V del proyecto de constitución», en *Escritos políticos de Sieyès*, cit., pp. 240-256.

verdadero y auténtico poder ejecutivo, con sus poderes conexos de nombramiento de ministros y de administradores públicos, unidos al ejercicio, aunque limitado, de un cierto poder reglamentario.

Ciertamente, la propuesta que llevaba a atribuir al poder ejecutivo también el ejercicio de un poder de veto frente al legislador, en la línea de la tradición británica y de la misma Constitución federal americana, fue bastante rápidamente descartada. Por lo demás, la Constitución de 1795 no podía considerarse propiamente construida como contrapeso de los poderes. Eliminaba el modelo monista de la *suprema potestas* legislativa personificada en el pueblo soberano, pero no por esto renunciaba al principio, dominante en toda la Revolución, de la primacía del poder legislativo. Tal primacía, sin embargo, era ahora constitucionalmente disciplinada, en el sentido de que el mismo legislativo venía a formar parte de una maquinaria política que la Constitución pretendía organizar en su conjunto. En este sentido debe interpretarse la célebre afirmación de Sieyès: «Una Constitución, o es un cuerpo de leyes obligatorias, o no es nada»[90].

Como se advierte con claridad, se trataba de reafirmar, en relación con el proceso político de decisión, el valor normativo y prescriptivo de la Constitución. Tan es así que el mismo Sieyès, precisamente con la finalidad de sostener el esfuerzo tendente a dar fuerza normativa a la Constitución, propuso instituir un jurado constitucional con la obligación de defender la Constitución de las violaciones que recibiera de alguno de los poderes constituidos, de instruir y filtrar las propuestas de revisión de la Constitución, de juzgar —de manera equitativa y a petición de los tribunales— sobre los casos y las controversias que la jurisdicción ordinaria no sepa o pueda resolver por defecto del derecho positivo vigente[91]. El jurado constitucional, que en la propuesta de Sieyès debía componerse de ciento ocho miembros nombrados fundamentalmente por el legislativo, fue descartado también por su evidente complicación. Comparar este jurado con un verdadero y auténtico tribunal constitucional, llamado a ejercer un auténtico control de constitucionalidad, parece en realidad bastante arduo. Y, sin embargo, no existe duda de que también este episodio se inserta en un clima de conjunto, dentro del cual la Revolución, después de tanto trabajo, intenta enfrentarse consigo misma y sobre todo busca descubrir su propia vocación constitucional.

---

90. E. J. Sieyès, «Opinione di Sieyès sulle attribuzioni», en Íd., *Opere e testimonianze politiche*, cit., p. 814.
91. *Ibid.*, pp. 815 ss.

Por muchos motivos, Francia no podía ser el país de los contrapesos entre los poderes, en la línea de la tradición británica. Y respecto a los Estados Unidos permanecerá siempre la diferencia del origen, de una revolución hecha para demoler el antiguo régimen y no simplemente para limitar las pretensiones desorbitantes del legislador. Una revolución que, por este motivo, desde el comienzo tenía necesidad de aparecer como voluntad general, en el sentido de una voluntad fuerte y concentrada, expresada legislativamente. Pero no por esto la Revolución puede describirse en los términos de un puro proceso político dirigido de manera voluntarista. También ella, en el contexto de acontecimientos bastante duros y dramáticos, buscaba su propia vía constitucional. Y también en esa Revolución, como, por otro lado, en toda la Edad Moderna, soberanía y constitución interactuaban, bien enfrentándose, bien buscando puntos de mediación y de equilibrio.

4. *Constitución contra soberanía*

La historia de las doctrinas políticas y constitucionales de los últimos años del siglo XVIII, y en cierta medida de todo el nuevo siglo, puede interpretarse en gran medida desde la óptica del gran acontecimiento de la Revolución, del que nadie podía escapar. Entre las primeras reacciones a la Revolución sobresale ciertamente la conocidísima de Edmund Burke, con sus *Reflections on the Revolution in France* de 1790[92]. La crítica de Burke parte en primer lugar del mismo concepto de revolución. Mientras en Francia la Revolución había sido entendida como la posibilidad de hacer una nueva constitución desde la nada, un siglo antes en Inglaterra, por el contrario, con la *Glorious Revolution* de 1688 se había hecho la Revolución «para preservar nuestras antiguas e indiscutibles leyes y libertades, y la antigua constitución (*ancient constitution*) que representa nuestra única garantía, la certeza de nuestras leyes y de nuestras libertades»[93]. Certeza y garantía son así las palabras-clave de Burke. Ellas

---

92. E. Burke, *Reflections on the Revolution in France* (1790), en *The Writings and Speeches of Edmund Burke*, ed. de P. Langford, vol. 8, *The French Revolution*, ed. de L. G. Mitchell, Oxford, 1989, pp. 53 ss.; trad. cast. *Reflexiones sobre la Revolución francesa*, Madrid, 1989. Para la fase en la que se inserta la reflexión de Burke, véase *The French Revolution and the Creation of Modern Political Culture*, vol. 3, *The Transformation of Political Culture 1789-1848*, ed. de F. Furet y M. Ozouf. Véanse también las recientes consideraciones de L. Compagna, *Gli opposti sentieri del costituzionalismo*, Bologna, 1998.

93. E. Burke, *Reflections*, cit., p. 81.

reclaman, a su vez, una concepción general de la constitución como fruto de un empeño y de un verdadero y auténtico pacto o contrato entre individuos, en el sentido de una consolidación progresiva e históricamente dada de una condición de equilibrio entre los intereses sociales, y no en el sentido de un proyecto que se representa políticamente a través de una asamblea constituyente[94]. El primero, en cuanto que está profundamente radicado en la historia de la comunidad política, se encuentra en grado de asegurar y garantizar las libertades. El segundo, el proyecto constituyente, puede también proclamar, como en Francia, los derechos del hombre y del ciudadano, pero en realidad por su naturaleza está expuesto a la inestabilidad de la lucha política, es el camino que peligrosamente conduce la delicadísima materia de la garantía de los derechos al terreno del conflicto político ordinario, de la sucesión de las distintas mayorías.

Burke critica así la Revolución francesa precisamente en nombre de la constitución y de la garantía de los derechos. A sus ojos, la Asamblea constituyente francesa no era más que «una asociación voluntaria de hombres», que en unas concretas circunstancias históricas se había adueñado de todo el espacio del poder público de normación, sin ningún fundamento constitucional, sin estar limitada por «ninguna ley constitucional». De tal manera, esa Asamblea, según Burke, había inaugurado una nueva forma de «despotismo», que consistía precisamente en entender el propio poder de normación como algo indefinido, potencialmente extendible sobre todo el espacio de la sociedad, sobre todo el espacio de las relaciones civiles. En su contra, se evoca de nuevo el valor positivo del ordenamiento inglés, en el que la autoridad legislativa —entendida de manera suprema y soberana— siempre y sin excepción alguna está limitada por la *security* y la *property* de los ciudadanos, de tal manera que sus actos son sentidos no raramente como «arbitrarios» en cuanto que contrastan con un «cierto modo de vida garantizado por las leyes existentes», que esos mismos ciudadanos han establecido duraderamente en su experiencia práctica a través de una progresiva y razonable composición de la pluralidad de intereses agentes en el espacio de la sociedad[95].

Pero Burke no sólo es un obstinado defensor del tradicional valor de garantía de la constitución inglesa. Es capaz de tomar de la Revolución otro aspecto, que esta vez amenaza, junto a la seguridad

---

94. *Ibid.*, p. 71, sobre la constitución como «engagement and pact of society».
95. *Ibid.*, pp. 201 ss.

y libertades de los individuos, a la misma autoridad política. En efecto, y bien mirado, si los franceses han pensado que podían cimentarse en esa obra constituyente, es porque han pensado que los individuos podían libremente, con su sola voluntad expresada a través de un contrato, poner en discusión, de una sola vez, todo el fundamento de la autoridad política. En la Revolución francesa no existe sólo un exceso en sentido dirigista, que pone en discusión, a través de un extenso y casi indefinido poder de normación, la estable garantía de los derechos, sino también un exceso en sentido contractualista, que pone en discusión la estabilidad de la misma obligación política, que termina por poner como fundamento de la autoridad política una especie de acuerdo societario similar al que se estipula «en el comercio de la pimienta y del café, del algodón o del tabaco, o de cualquier otra cosa de interés temporal, que puede romperse según el interés de las partes»[96].

La constitución inglesa, que Burke obstinadamente propone, no sólo es la mejor posible para la garantía de los derechos. Aparece también como la base, sólidamente construida en la historia, sobre la que vive y prospera una autoridad política intrínsecamente limitada en sí, pero también sustraída al arbitrio del momento, al conflicto político ordinario, a la sucesión demasiada rápida de las mayorías. El fundamento histórico de la constitución inglesa es, en suma, según Burke, lo que crea un verdadero y auténtico núcleo fundamental de la experiencia política, sustraído a la disponibilidad de los actores políticos del momento. En tal núcleo está comprendida no sólo la garantía de los derechos, sino también la estabilidad de la obligación política.

Pero Burke no se queda aquí. Su admiración por la constitución inglesa llega hasta el punto de considerar esa constitución como el modelo absoluto, al que en esencia debería conformarse toda la experiencia política europea y del que culpablemente se había desviado la Revolución francesa. Ésta, según Burke, tenía que haber intentado la reforma de la tradicional constitución monárquica francesa, aumentando los controles y los contrapesos. Por el contrario, tal posibilidad se descartó *a priori*, y se cerró así el camino de la *reforma constitucional* que desde siempre los ingleses habían indicado y practicado. Se cayó así inevitablemente en la trampa ideológica de la alternativa sin salida entre «despotismo del monarca y despotismo de la multitud»: por suprimir el primero de un golpe se terminó por caer en los brazos del segundo. No se supo ver la línea

---

96. *Ibid.*, pp. 146 y 147.

maestra: «una monarquía guiada por las leyes, controlada y equilibrada por la gran riqueza hereditaria como expresión de la dignidad de una nación: y ambos de nuevo controlados de manera juiciosa por un órgano adecuado, permanente expresión de la razón y de los sentimientos del pueblo entendido en sentido amplio»[97]. En una palabra, los revolucionarios franceses eran culpables de haber seguido a Rousseau, olvidando a Montesquieu. Por este motivo, habían hecho imposible la introducción en su país de la *monarquía constitucional*, de una forma de gobierno de tipo moderado y equilibrado.

Burke era indudablemente capaz de captar necesidades reales, como la de la estabilidad, y temores difusos. Su discurso tenía sin embargo un vicio de fondo. Era un discurso irremediablemente inglés, que partía de la premisa de que quien quisiera seguir el camino del constitucionalismo debía imitar necesariamente la constitución inglesa. Sin duda, fue mérito de Immanuel Kant (1724-1804) —filósofo por excelencia, pero también pensador capaz de ofrecer contribuciones de gran relieve en la historia de las doctrinas constitucionales— el haber situado el problema histórico del orden constitucional en un plano más general, menos ligado a la experiencia de un país concreto.

En una serie de ensayos escritos y publicados entre 1793 y 1797[98] Kant indica el camino de la *constitución republicana*, que, según él, desde la perspectiva de una verdadera y auténtica filosofía de la historia, es la constitución del futuro, a la que el gobierno deberá conformarse a través de una obra de constante y gradual reforma. La constitución republicana es ante todo un conjunto de principios, que Kant enuncia con ejemplar claridad. El primero es el principio de libertad, que consiste en la libre persecución de la felicidad por parte de cada uno, siempre que no impida la misma búsqueda por parte de los otros ciudadanos. Repitiendo casi a la letra lo que los revolucionarios franceses habían establecido en el artículo cuarto de la Declaración de derechos de 1789 —que en esencia fundaba el principio de la moderna reserva de ley— Kant piensa que sólo la ley puede determinar el punto en el que termina

---

97. *Ibid.*, pp. 173-176.
98. I. Kant, «Über den Gemeinspruch: "Das mag in der Theorie richtig sein, taugt aber nicht für die Praxis"» (1793); trad. cast. «En torno al tópico: "Tal vez eso sea correcto en teoría, pero no sirve para la práctica"», en Íd., *Teoría y práctica*, Madrid, 1986, pp. 3-61.; Íd., *Zum ewigen Frieden. Ein philosophischer Entwurf* (1795); trad. cast. *Sobre la paz perpetua*, Madrid, 1991; Íd., *Metaphysik der Sitten* (1797); trad. cast. *La metafísica de las costumbres*, Madrid, 1989.

la libertad de uno y se inicia la libertad del otro, y que la ley puede proceder en esta delicada operación de disciplina del ejercicio de los derechos y de las libertades *sólo* con la finalidad de garantizar la misma libertad a todos, y nunca para indicar una dirección, para prescribir la finalidad a la que los individuos deberían tender en el ejercicio de sus derechos.

El segundo principio de la constitución republicana es el principio de igualdad, entendida como igual sumisión de todos a la misma ley. Parece evidente también en este caso el paralelismo con la Declaración de derechos de 1789, que en su artículo quinto había establecido el principio de monopolio legislativo de los poderes de coacción como primera garantía de la abolición de todo tipo de dominación personal de un hombre por otro hombre. Para los revolucionarios franceses, así como para la constitución republicana de Kant, ya no puede tolerarse la autoridad que pretenda ordenar, constreñir, impedir, prohibir por motivos de estamento, de rango, de lugar, es decir, que reivindique títulos distintos a los de la ley, única fuente de autoridad capaz de expresar la fuerza de la coacción sobre los individuos de la misma manera para todos.

Para comprender los sucesivos caracteres de la constitución republicana de Kant, es necesario comprender en qué plano situaba su discurso. El filósofo alemán partía de una distinción de base que estaba destinada a triunfar. Se trataba, en pocas palabras, de la distinción entre *forma de Estado (forma imperii)* y *forma de gobierno (forma regiminis)*. La primera atendía al sujeto a quien le era atribuido el poder soberano de hacer la ley, y producía una democracia si ese poder era de todos, una aristocracia si ese poder era de pocos, una monarquía si ese poder era de uno solo. La segunda atendía a la relación que en concreto se establecía entre ese mismo poder legislativo soberano y los otros poderes, en primer lugar a partir del poder ejecutivo. Pues bien, Kant pensaba —y lo repitió en varias ocasiones— que el terreno decisivo para el desarrollo de la constitución republicana era este segundo, la relación entre los poderes, la forma de gobierno.

En este plano se creaban las condiciones necesarias para la afirmación y el mantenimiento de aquellos principios fundamentales de libertad e igualdad que ya conocemos, y que caracterizaban la misma constitución republicana. En pocas palabras, era necesario elegir una forma de gobierno orientada en sentido *antidespótico* que garantizase la libertad y la igualdad. Tal era la forma de gobierno fundada sobre la *separación entre legislativo y ejecutivo*: por una parte, el poder soberano de hacer la ley, por otra, la figura esencial del *director* de la cosa pública, que domina a los magistrados y gobierna a través de ellos, disponiendo del poder directo de coacción[99].

El despotismo, y así la amenaza para los principios de libertad e igualdad, comienza a producirse para Kant en las situaciones en las que el legislador pretende además adueñarse de los medios de coacción y de ejecución, y del poder de nombrar a los magistrados, y en otras situaciones en las que, por el contrario, quien dispone de estos medios y de estos poderes pretende también convertirse en legislador. Tales son indudablemente esas monarquías y esas aristocracias que no aceptan disciplinarse dentro de formas de gobierno inspiradas por el principio antidespótico, y que pretenden mantener firme la concentración del poder legislativo y del ejecutivo en una sola o en pocas personas. Pero Kant piensa que es muy posible que tanto la monarquía como la aristocracia puedan encarrilarse en una dirección favorable a la separación de poderes y al desarrollo de los principios de la constitución republicana, y así indica explícitamente el camino de la reforma constitucional. Dicha reforma confirma, otra vez, la relevancia decisiva de la forma de gobierno: lo que importa no es la «fórmula política», es decir, estar gobernados por una monarquía o por una aristocracia, sino la concreta estructuración de ese gobierno, de manera que garantice, a través de la separación de poderes, la afirmación de los principios de libertad e igualdad.

No por casualidad hemos dejado aparte la tercera forma de Estado, que es la democrática. Sobre ésta, en efecto, Kant asume una postura distinta, probablemente motivada —en él como en otros muchos— por el desarrollo en sentido radical de la Revolución francesa. Si la forma democrática de la Revolución corresponde a la jacobina, que centra en los representantes o mandatarios del pueblo soberano, legitimados por el sufragio universal y directo, todo el poder, legislativo y de gobierno, se debe decir entonces que esta forma, a diferencia de las dos precedentes, contiene en sí un principio que la hace incompatible con la separación de poderes, con la constitución republicana, con la buena y rigurosa tutela de los principios de libertad y de igualdad.

Por esto, Kant siempre subrayó la necesidad de confiar el derecho de voto a los ciudadanos sólo en cuanto gozan de una cierta

---

99. I. Kant, *La metafísica de las costumbres*, cit., pars. 43 ss. Sobre los principios que caracterizan a la constitución republicana es necesario por el contrario referirse principalmente a los otros dos ensayos kantianos citados en la nota precedente.

independencia civil, en cuanto son titulares de una cierta propiedad que en esencia los hace dueños de sí mismos, y están así en grado de expresar libremente su sufragio en el plano político. A estos ciudadanos en concreto, y no al mítico pueblo soberano de la Revolución, se les confía la elección de una adecuada representación política, preparada para cumplir su decisiva función en el ámbito de la forma de gobierno pero inmune a la tentación que había empujado a los representantes y los mandatarios del pueblo soberano a querer ocupar, en el curso de la Revolución y precisamente en nombre de ese pueblo, la totalidad del espacio de los poderes públicos.

Por esto, en fin, Kant siempre negó que pudiese existir una acción legítima de resistencia por parte del pueblo, en nombre de su propia soberanía, en relación con aquel que ostenta el poder de coacción, que resulta ser el poder ejecutivo[100]. En esa situación Kant veía una lesión inaceptable del principio fundamental de la separación de poderes, ya que el pueblo —que en la ideal constitución republicana era simplemente llamado a elegir a los representantes y por ello a los legisladores— de esta manera pretendería obligar a una conducta determinada también al ejecutivo, creando de hecho las condiciones para la afirmación de *un solo poder* de origen popular, y, así, según Kant, de un poder despótico o que enseguida se habría convertido en tal. En fin, desde otro punto de vista, negar la oposición directa del pueblo al poder ejecutivo significaba también afirmar otro aspecto necesario de la constitución republicana, que era su carácter *representativo*, según el cual sólo el parlamento, y nunca el pueblo directamente, habría podido —siempre para respetar el principio de la separación de poderes y así el carácter distinto del ejecutivo— vigilar el correcto desarrollo de la actuación del gobierno en el respeto a la ley.

La reflexión kantiana sobre la constitución puede situarse en el origen de todas esas doctrinas que se dirigen a reescribir el concepto mismo de soberanía popular, intentando evitar el exceso radical en el que había caído la Revolución en su fase jacobina, sobre todo con el objetivo de introducir ese concepto en una forma constitucional antidespótica, basada en el principio de la separación de poderes, de forma que garantizara lo mejor posible aquellos principios de libertad e igualdad que la misma Revolución había afirmado. En este sentido resulta emblemática la figura de Benjamin Constant (1767-

---

100. I. Kant, *La metafísica de las costumbres*, cit., par. 49. Pero la célebre negación del derecho de resistencia está un poco diseminada por toda la obra política kantiana.

1830), que ya en los últimos años del siglo XVIII, en el periodo de vigencia de la Constitución del año III, de 1795, inicia una reflexión sobre la Revolución análoga a la de Kant, por una parte en el plano de los principios, en sentido de continuidad, por otra en el plano de las formas de gobierno, en sentido crítico, en busca de una soberanía limitada, disciplinada constitucionalmente[101].

Sin embargo, como es bien sabido, la obra mayor de Constant aparece en el periodo de la Restauración, a partir de la Carta constitucional de 4 de junio de 1814 que señala el retorno de la monarquía y la introducción de la Cámara de los pares nombrados por el rey, unida a un electorado de la Cámara de los diputados extremamente reducido. El hecho de que Constant prosiguiera dentro de un contexto constitucional tan cambiado la reflexión que había comenzado durante el precedente periodo republicano debe ser encuadrado precisamente a la luz de la distinción kantiana entre formas de Estado y formas de gobierno: lo que verdaderamente importa, sobre todo para la tutela del esencial principio de libertad, no es tanto estar gobernados por una república o por una monarquía, sino que una u otra, cada una con sus características, se organice mediante formas de gobierno antidespóticas, separando los poderes y, consecuentemente, garantizando los derechos[102].

La principal obra de Constant, sus *Principes de politique*, de 1815, va precisamente en este sentido, el de construir la soberanía limitada[103]. A este propósito resulta fundamental la reelaboración

---

101. Entre los ensayos de Constant de este periodo véase sobre todo B. Constant, *Fragments d'un ouvrage abandonné sur la possibilité d'une constitution républicaine dans un grand pays*, ed. de H. Grange, Paris, 1991. Para una indicación de los otros ensayos del mismo autor y para una óptima síntesis de la materia, véase ahora M. Barberis, «I limiti del potere: il contributo francese», en G. Duso (ed.), *Il potere. Per la storia della filosofia politica moderna*, Roma, 1999, pp. 213 ss., de quien interesa también el trabajo principal sobre la materia: Íd., *Benjamin Constant. Rivoluzione, costituzione, progresso*, Bologna, 1988. Desde otro punto de vista, véase también B. Fontana, *Benjamin Constant and the Post-Revolutionary Mind*, New Haven-London, 1991. Sobre la Constitución del año III véase la conclusión del epígrafe tercero de este mismo capítulo.

102. Sobre las Cartas constitucionales francesas véase P. Rosanvallon, *La Monarchie Impossible. Les Chartes de 1814 y de 1830*, Paris, 1994. Sobre la historia del liberalismo francés, véase ahora L. Jaume, *L'individu effacé ou le paradoxe du libéralisme française*, Paris, 1997.

103. B. Constant, *Principes de politique applicables à tous les gouvernements*, en Íd., *Ouvres*, ed. de A. Roulin, Paris, 1957, pp. 1063 ss.; trad. it. *Principi di politica*, ed. de U. Cerroni, Roma, 1982, que contienen también el célebre *Discurso sulla libertà degli antichi paragonata a quella dei moderni* (febrero de 1819); trad. cast. *Principios de política*, Madrid, 1970.

del concepto de soberanía popular. Ésta es todavía admisible, pero sólo como «supremacía de la voluntad general sobre todas las voluntades particulares», sólo como fórmula justificativa de la supremacía de la ley general y abstracta, en la que también Constant, como Kant, ve la mejor forma posible de garantizar los derechos de los individuos, sobre todo el principio de igualdad, entendido como igual sumisión de todos a la misma ley. La figura del pueblo soberano está todavía muy viva, pero con la condición de que se identifique con la figura del legislador, y de que se pase por completo al lenguaje general y abstracto de la ley, garantía primera contra el privilegio, contra la discriminación injusta. Pero cuando ese mismo pueblo pretende, como permanente sujeto soberano, reescribir continuamente las reglas del ordenamiento —que son para Constant «la libertad individual, la libertad de opinión, el libre goce de la propiedad, la garantía contra el arbitrio»[104]— entonces necesita recordar que «la soberanía sólo existe de forma limitada y relativa».

Como se aprecia con claridad, en Constant está bien presente la dimensión de una sociedad civil que intenta evitar el dominio amplio de la razón política, tanto más temida cuanto más sostenida por el principio democrático de la soberanía popular. Otro discurso es el de las garantías, y así el de la efectividad de este límite, especialmente en el caso de que la amenaza a los derechos provenga de aquel que debería afirmarlos y tutelarlos en primer lugar, es decir, del mismo legislador. La hipótesis apenas es tomada en consideración por Constant, que para este propósito se limita a expresar la convicción de que el progreso y la maduración de la sociedad civil conducirán, también a través del ejercicio de la libertad de prensa y de las libertades políticas, a la formación de una opinión pública cada vez más consciente del valor y de la necesidad de los derechos, así como del carácter en sí limitado de los poderes públicos[105].

Lo que por el contrario no se encuentra en la obra de Constant es la posibilidad de oponer la constitución a la ley en nombre de los derechos: en su línea argumentativa es difícil llegar al control de constitucionalidad. Los derechos, también para Constant, pertenecen al campo de la ley y no al de la constitución. Esta última se ocupará esencialmente de otras cosas, es decir, de la construcción de la forma de gobierno, y sólo por este camino —en cuanto sea capaz de edificar una forma de gobierno eficiente y moderada— concurrirá a la garantía de los derechos. Por lo de-

---

104. B. Constant, *Principes*, cit., pp. 1069 ss.
105. *Ibid.*, pp. 1077 ss.

más, Constant utilizó con frecuencia esta idea. Será de los primeros en intuir que el artículo 54 de la Carta constitucional de 1814, que permitía la elección de los ministros entre los diputados, creaba los presupuestos para el desarrollo de la práctica de la confianza parlamentaria, y se ingenió por todos los medios para resolver en el plano constitucional la trabajada relación entre legislativo y ejecutivo, proponiendo la institución de un poder neutro mediador, después de 1814 confiado al mismo rey. En suma, quien se ocupaba de la constitución se ocupaba sobre todo de la maquinaria política, del intento de estabilizar y disciplinar el proceso de decisión política. Ciertamente, los liberales como Constant asociaban cada vez más la constitución a la libertad, pero en el plano ideológico, o del programa político, y no en el plano normativo, de la oponibilidad de la constitución como norma de garantía de los derechos a la misma ley.

Sin embargo, en la otra orilla del Atlántico, en los Estados Unidos, la práctica del control de constitucionalidad era ya bien visible. Lo advirtió un joven magistrado francés, Alexis de Tocqueville (1805-1859), que a la vuelta de un viaje de estudio en aquel país, en su *Démocratie en Amérique*, publicada en dos volúmenes entre 1835 y 1840, escribió con gran simplicidad: «En los Estados Unidos la Constitución manda tanto sobre los legisladores como sobre los simples ciudadanos»[106]. Tocqueville no intentaba con ello prescribir a su país, y a Europa en general, la adopción del sistema americano, que se expresaba en el plano del control de constitucionalidad a través de un difuso poder de no aplicación, atribuido a cada juez, de las leyes tenidas en contraste con la constitución. Tocqueville intentaba más bien mostrar a la opinión pública europea una situación en la que una democracia desarrollada al máximo, al menos en el plano de las costumbres y de los estilos de vida, no había renunciado sin embargo a la búsqueda del límite, del necesario contrapeso a la extensión del principio democrático y de los poderes de las asambleas electivas. Que fue después, como Tocqueville bien sabía, el mismo problema de los liberales europeos, ya presente en las páginas del mismo Constant.

Y precisamente a diferencia de Constant, con mucha mayor claridad y franqueza, Tocqueville afirmó con palabras claras que

---

106. A. de Tocqueville, *De la Démocratie en Amérique (1835-1840)*; trad. it. *Scritti politici* II, ed. de N. Matteucci, Torino, 1968-1969, p. 125; trad. cast. *La democracia en América*, 2 vols., Madrid, 1999. Para la biografía intelectual de Tocqueville véase A. Jardin, *Alexis de Tocqueville, 1805-1859*, Milano, 1994.

este límite, este contrapeso, no podía carecer de naturaleza aristocrática. Así, deformando en buena medida la realidad estadounidense del control de constitucionalidad, Tocqueville interpretó aquella realidad, según el «espíritu legista», como «contrapeso a la democracia», y los jueces americanos le parecían ser la moderna versión del «cuerpo de los legistas», encargado históricamente de mantener «formas» y «orden» en el seno de la convivencia civil, y que ahora representaba «el único elemento aristocrático» capaz de convivir, temperándolo, con el principio democrático[107].

Pero todo esto no sólo se refiere a la problemática específica del control de constitucionalidad y del papel de los jueces. Para Tocqueville existe en la sociedad de su tiempo —que él ve, de nuevo a diferencia de Constant, casi por naturaleza destinada a transformarse en sentido democrático— una tendencia irresistible a concentrar los poderes, a colocar junto a las asambleas electivas extensas burocracias dependientes de esas asambleas, que actúan de manera meticulosa sobre todo el espacio social, en la realidad ordinaria de individuos y de ciudadanos cada vez menos responsabilizados, cada vez más encerrados en su esfera privada. Contra esta tendencia es necesario que esos individuos y esos ciudadanos descubran el profundo significado constitucional de la práctica asociativa:

> Una asociación política, industrial, comercial o también científica y literaria es como un ciudadano iluminado y potente, que no puede ser sujetado a placer, ni oprimido en secreto y que, defendiendo sus derechos particulares contra las exigencias del poder, salva las libertades comunes[108].

Y de manera para nosotros bastante significativa Tocqueville define estas asociaciones como «personas aristocráticas». En efecto, busca a través de la libre asociación las condiciones que permitan la formación en la nueva sociedad democrática de *nuevas aristocracias* verdaderas y auténticas, no en el sentido, ahora inadmisible, de la excepción y del privilegio, sino en el sentido de un estrato social, lo más extenso posible, que por su fuerza económica y su conciencia política resulte ser en esencia independiente del poder político y, así, no asimilable por este último, no cooptable desde arriba, no condicionable.

Éste es el solidísimo hilo conductor que liga los dos volúmenes de su *La democracia en América* con la otra gran obra de Tocque-

---

107. A. de Tocqueville, *Scritti politici* II, cit., pp. 310 ss.
108. *Ibid.*, p. 818.

ville, dedicada a la historia nacional francesa y a la relación entre el Antiguo Régimen y la Revolución[109]. En esta obra, publicada en 1856, Tocqueville intenta encontrar la raíz histórica primera de ese nuevo despotismo, político y administrativo al mismo tiempo, que él había criticado en su trabajo precedente. Y la centra en aquel aspecto de la Revolución que históricamente se vinculaba a la obra de nivelación y de uniformidad ya comenzada por la monarquía dentro de la sociedad de Antiguo Régimen, esencialmente contra la nobleza de su tiempo para sustraerle cada vez más el ejercicio de los poderes de *imperium* y, en particular, el ejercicio de la jurisdicción y el poder de imponer tributos. Éste nos parece el pasaje crucial de la obra de Tocqueville:

> Se deberá deplorar perennemente que, en lugar de plegar esa nobleza a la observancia de las leyes, se haya desarraigado y destruido. Actuando de tal manera, se produce en la libertad una herida que no sanará nunca[110].

Con esto, Tocqueville no creía ser partidario de los nostálgicos del Antiguo Régimen. Creía más bien, de nuevo, plantear el problema de una democracia, heredera histórica de este proceso histórico de nivelación y de concentración de poderes que en nombre del principio de igualdad, y sobre todo en nombre del monopolio legislativo de todas las funciones de relevancia colectiva, intentaba completar esta gigantesca obra de despolitización de la sociedad, y ya no podía contar con ninguna aristocracia independiente del poder político, con ninguna clase dirigente socialmente eficaz de manera autónoma por fuerza propia y por prestigio propio.

Como se aprecia con claridad, el constitucionalismo posterior a la Revolución tiene en esencia un único adversario, que siempre es el mismo aunque adquiera formas distintas: para Burke, el poder constituyente de la Revolución, para Kant y para Constant, la soberanía popular más allá de la supremacía de la ley como máximo instrumento de igualdad y de garantía de derechos, para Tocqueville, en fin, el proceso histórico de nivelación social y de concentración de poderes, inherente a la expansión del principio democrático. Mirándolo bien, todos estos personajes, aunque de manera distinta, terminan de todas formas por contraponer al resultado re-

---

109. A. de Tocqueville, *L'Ancien Régime et la Révolution*, Paris, 1856; trad. it. en *Scritti politici* I, cit.; trad. cast. *El antiguo régimen y la revolución*, 2 vols., Madrid, 1994.
110. *Ibid.* I, p. 706.

volucionario de la *soberanía* —entendida como tendencia a expandir sin medida la razón política democrática sobre todo el espacio de las relaciones civiles y sociales— el valor de la *constitución*, entendida no tanto como norma jurídica positiva, sino más bien como ideal político dentro del cual estaba contenida la fundamental e irrenunciable aspiración a la pluralidad, a la individualidad, y también a la diferencia.

Todo esto puede estar perfectamente encerrado, de manera emblemática, en la discusión de 1848 sobre el sufragio universal y sobre la nueva Constitución republicana de 4 de noviembre de ese año. La nueva república quería ser no sólo democrática sino también social, y afirmar en la Constitución los derechos a la instrucción, a la previsión social y al trabajo que, por primera vez, habían afirmado los jacobinos en su Declaración de 1793[111]. Contra esta postura toma la palabra precisamente Tocqueville, que pronunció un formidable discurso contra el derecho al trabajo. Por ese camino, según Tocqueville, no se lograría una república social, caracterizada por la extensión de los derechos del campo civil y político al social. Esa república sería más bien, sin dudas y sin medias tintas, «socialista», y en ella el Estado se convertiría así en «el gran y único organizador del trabajo», a fin de cuentas en «el único propietario de todo»[112].

A través de Tocqueville, habla la voz del constitucionalismo. Y el peligro contra el que se quiere combatir está encerrado en la palabra-clave «único», como siempre había sido en la historia del constitucionalismo.

5. *Estado y constitución*

Así, pues, el constitucionalismo posterior a la Revolución acepta en esencia la herencia que la misma Revolución había dejado, pero sólo después de definir cuidadosamente sus confines. En esa herencia está seguramente comprendida la supremacía de la ley y el principio de igualdad entendido como igual sometimiento de todos a la misma ley. Sin embargo, todo cambia cuando a esta imagen de la Revolución se sobrepone otra, en la que el protagonista es el pue-

---

111. Véanse a propósito P. Rosanvallon, «La Repubblica del suffragio universale», y F. Mélonio, «1848: la Repubblica intempestiva», ambos en *L'idea di Repubblica nell'Europa moderna*, Roma-Bari, 1993, pp. 389 ss.
112. A. de Tocqueville, «Discorso sul diritto al lavoro» (12 de septiembre de 1848), en *Scritti politici* I, cit., pp. 281 ss.

blo soberano dotado de un poder constituyente en esencia privado de límites. Contra esta segunda imagen todo el constitucionalismo europeo cierra filas. Burke le contrapone el equilibrio y la moderación inherentes a la tradición constitucional inglesa, Kant y Constant la idea de la soberanía limitada y de la garantía de los derechos que se obtiene a través de la instauración de una forma de gobierno antidespótica, Tocqueville la búsqueda, para él indispensable, de una clase dirigente radicada de manera autónoma en la sociedad, independiente del poder político, verdadero y auténtico contrapeso a la nivelación social y a la concentración de poderes inherentes a una ilimitada expansión del principio democrático.

En toda aquella discusión de la primera mitad del siglo XIX estaba también contenido otro aspecto decisivo, presente en Burke cuando criticaba el exceso de contractualismo en la Revolución, pero también en Kant, cuando el filósofo alemán con tanta decisión negaba la legitimidad de cualquier resistencia del pueblo frente al poder constituido. Se trataba, en pocas palabras, de la preocupación —tan difundida a lo largo del siglo XIX— por la *estabilidad de la obligación política*, que podía ponerse en peligro por una interpretación radical y ultrademocrática de la Revolución, según la cual toda autoridad política, en cuanto contractualmente querida por los individuos, podía ser revocada por éstos en cualquier momento. En suma, la Revolución podía y debía ser aceptada en sus contenidos y principios fundamentales, pero con la condición de que de ella no se originase un movimiento de generalizada y continua puesta en discusión de los poderes constituidos.

Esta preocupación por la estabilidad llega a producir en la primera mitad del siglo XIX un verdadero y auténtico pensamiento contrarrevolucionario, que tuvo su más inteligente intérprete en Joseph de Maistre (1753-1821). De Maistre, en particular con su ensayo de 1814, sostiene que la gran culpa de la Revolución había sido separar soberanía y sociedad, debilitando así tanto la primera como la segunda, la una reducida a mero resultado de las voluntades de los individuos, siempre revocable por ellos, la otra reducida a mera multitud de individuos privada de orden y de forma, y precisamente por esto siempre destinada a buscar un nuevo soberano[113]. La Revolución era así descrita como el punto de partida de

---

113. J. de Maistre, *Essai sur le principe générateur des constitutions politiques et des autres institutions humaines* (1814); trad. it. *Saggio sul principio generatore delle costituzioni politice e delle altre istituzioni umane*, Milano, 1975. Véase también *Il pensiero politico di De Maistre*, ed. de D. Fisichella, Roma-Bari, 1993. Sobre la doc-

un acontecimiento que inmediatamente habría conducido a un desorden generalizado, dentro del cual todo poder habría sido objeto de continua contestación y todo *orden constitucional* estable, de los poderes y de la misma sociedad, habría resultado imposible.

Obviamente, el pensamiento contrarrevolucionario terminaba por asentarse sobre posiciones opuestas a las del constitucionalismo que ya conocemos, ya que negaba de raíz las mismas ideas de los derechos individuales y de la constitución escrita. Y, sin embargo, también ese pensamiento era un síntoma que revelaba la existencia de una situación incierta e irresuelta. En ella muchos, desde posturas distintas o desde puntos de vista más o menos ligados a la herencia de la Revolución, advertían la necesidad de buscar un fundamento que permitiese individuar *un núcleo fundamental estable* en la experiencia política posrevolucionaria, sustraído por su naturaleza a la fuerza corrosiva de la lucha política, a la influencia directa de las fuerzas y de los intereses particulares, y así a la ilimitada y permanente soberanía del pueblo que el mismo constitucionalismo temía desde siempre. Esta idea viene de Alemania. Es la idea de la *constitución estatal*, que encontramos por vez primera en la obra de Georg Wilhelm Friedrich Hegel (1770-1831), máximo intérprete en Alemania de la transformación constitucional en acto.

Hegel ya comenzó a hablar de constitución estatal desde su primer escrito político, dedicado a *La Constitución de Alemania*[114]. Hegel lamentaba que los alemanes considerasen «constitución» lo que era el resultado —adquirido en esencia en la práctica— de una serie de contratos, de pactos, de actos de arbitraje, con frecuencia sólo sancionados desde el punto de vista formal a través de las sentencias de los tribunales. Los alemanes estaban fuertemente apegados a este patrimonio consuetudinario, que consentía a cada territorio, a cada autoridad, a cada estamento, obtener su propio espacio, gozar de determinadas inmunidades y libertades, de determinados privilegios y derechos. Desde el punto

---

trina constitucional de los contrarrevolucionarios, con referencia especial a Bonald, véase S. Chignola, *Società e costituzione. Teologia e politica nel sistema di Bonald*, Milano, 1993.

114. G. W. F. Hegel, *Die Verfassung Deutschlands* (1799-1802); trad. it. «*La Costituzione della Germania*», en Íd., *Scritti storici e politici*, ed. de D. Losurdo, Roma-Bari, 1997, pp. 3 ss.; trad. cast. *La constitución de Alemania*, ed. de Dalmacio Negro Pavón, Madrid, 1972. Sobre la problemática político-constitucional en Hegel véanse C. Cesa, *Hegel filosofo politico*, Napoli, 1976, y la aportación más reciente de E. Cafagna, *La libertà nel mondo. Etica e scienza dello Stato nei «Lineamenti di filosofia del diritto» di Hegel*, Bologna, 1998.

de vista de Hegel —bastante crítico por cierto— se trataba, por el contrario, en sentido despreciativo, de «un catastro de los derechos constitucionales más diversos, adquiridos a la manera del derecho privado»[115]. Mientras permaneciese una situación de este género —en la que incluso relevantes funciones públicas, como la jurisdiccional o la impositiva de tributos, dependían todavía de títulos contractuales de derecho privado— Alemania estaba condenada, según Hegel, a un proceso de decadencia política, ya que no sería capaz de expresarse de manera unitaria como nación a través de la autoridad de un Estado legitimado para actuar directamente sobre todos los alemanes, al menos en las materias más esenciales, como la militar y la tributaria. En pocas palabras, Alemania estaba destinada a sucumbir en el plano político porque tenía *una constitución jurídica*, establecida contractualmente y como tal exigible por las partes ante los tribunales, pero no tenía *una constitución estatal* en la que se expresase la existencia de un Estado, de un principio político común dotado de autoridad propia[116].

Pero Hegel en su texto dice algo más. Hay una referencia absolutamente sutil y original referida a Francia. Según Hegel, ese país había destruido su propia constitución ya en el curso del Antiguo Régimen, porque no había sido capaz de disciplinar los impulsos particularistas de su nobleza, que había desarrollado libremente sus propios privilegios «hasta el grado supremo y más irritante». De aquí, en definitiva, había venido la Revolución. A pesar de esto, ese mismo país, Francia, no había demolido el Estado, ni la misma Revolución había querido proceder en tal sentido. Hegel veía con claridad que Francia tenía una administración, un sistema financiero y tributario, un ejército, es decir, todo lo que faltaba en Alemania. Ésta, por el contrario, había permanecido apegada a su propia constitución tradicional de origen feudal y consuetudinario hasta pensar que podía afrontar los nuevos tiempos sin Estado[117]. En pocas palabras, Francia tenía un Estado, y tras la Revolución buscaba una constitución. Alemania, por el contrario, tenía una constitución, pero se obstinaba en no buscar lo que necesitaba para existir políticamente, es decir, un Estado.

Hay algo que aprender de Francia: la tendencia de ese país a sustraer, incluso en las más agudas y rompedoras fases de la lucha política, la dimensión institucional del Estado, que para Hegel está

---

115. G. W. F. Hegel, *La Costituzione*, cit., pp. 15 ss.
116. *Ibid.*, pp. 4 ss. y pp. 44 ss.
117. *Ibid.*, pp. 70 y 71.

formada en esencia por la burocracia, la administración financiera, el ejército. Alemania, por su lado, debía superar los ahora estrechos confines de su tradicional constitución feudal de fundamento privado y proceder, también ella, por la vía del *derecho público estatal*, de la constitución estatal. Así, el mismo Hegel, en los años sucesivos, no dudó en apoyar los esfuerzos de algunos príncipes territoriales alemanes, tendentes a extender las competencias de los funcionarios, de la burocracia reclutada por los mismos príncipes, a costa de las autonomías ciudadanas y de los privilegios de las familias nobiliarias. E, incluso, contrarrestó con fuerza las afirmaciones falsamente constitucionales formuladas en nombre del «antiguo buen derecho» o de la «constitución antigua», que en realidad estaban dirigidas a defender a ultranza las posiciones de inmunidad y privilegio que se habían consolidado a lo largo del tiempo dentro de la constitución feudal y que ahora obstaculizaban la formación del Estado alemán, de una administración unitaria y, también, de la representación política con fundamento electoral censitario y ya no exclusiva y secamente estamental[118].

La constitución estatal es así la norma de derecho público que está llamada a imponerse sobre la tradicional estructura privada de la constitución estamental y feudal. Pero no sólo es eso. Está pensada con la finalidad de combatir *todo tipo de privatismo*, y en particular el que deriva de una concepción general de la constitución que ve en ella una pura norma de garantía de las propiedades y de los derechos de los individuos. En esa concepción, que conecta con la matriz individualista de la Revolución, Hegel ve casi anulado el valor político del Estado, reducido a un conjunto de poderes encaminados, desde el punto de vista instrumental, a la garantía de los derechos. Como afirmará en sus *Fundamentos de filosofía del derecho*, de 1821, un Estado cuyo «fin último» sea cuidar los intereses de los particulares, terminará siendo considerado por éstos como un mero instrumento para usar y ordenar según las circunstancias[119].

En definitiva, la constitución estatal combate el antiguo privatismo de los estamentos, pero también el moderno privatismo de

---

118. G. W. F. Hegel, *Verhandlungen in der Versammlung der Landstände des Königsreichs Württemberg* (1817); trad. it. *Valutazione degli atti a stampa dell'assemblea dei deputati del regno del Württemberg*, en Íd., *Scritti storici e politici*, cit., pp. 113 ss., especialmente pp. 147 ss.

119. G. W. F. Hegel, *Grundlinien der Philosophie des Rechts oder Naturrecht und Staatswissenschaft im Grundrisse* (1821); trad. cast. *Fundamentos de filosofía del derecho*, Madrid, 1993; trad. it. *Lineamenti di filosofia del diritto. Diritto naturale e scienza dello Stato in compendio*, ed. de G. Marini, Roma-Bari, 1987, par. 258.

los individuos, ya que uno y otro, desde posturas distintas, destruyen el principio de unidad política, reducen el Estado a mero resultado de un contrato entre distintas partes, que siempre puede ser revocado por ellas. Así, la constitución estatal valora en grado máximo los poderes portadores del valor político de la universalidad o, más sencillamente, del interés general del Estado: el monarca, en primer lugar, como punto y lugar institucional concreto en el que se representa la globalidad de la constitución, en el que es posible pensar el Estado como unidad más allá de los poderes individuales, legislativo y gubernativo; pero también los cuerpos y asambleas representativas a las que está confiado el decisivo deber de introducir «el sentido y el sentimiento del Estado y del gobierno» en el cuidado de los «intereses particulares de las comunidades, de las corporaciones y de los individuos», que de otra manera permanecerían aislados y tenderían irremediablemente a enfrentarse al Estado; y la burocracia, en fin, el conjunto de los funcionarios ejecutivos, que tienen el deber de «mantener firme el interés general del Estado»[120].

Finalmente, lo que de verdad produce la afirmación de la constitución estatal es, en pocas palabras, la *soberanía del Estado*, que hace impensable la soberanía de cualquier sujeto político fuera de la constitución, sea el monarca o el mismo pueblo, que sólo en el Estado y en su constitución encuentra orden y forma y, por ello, capacidad de existir en el plano constitucional[121]. La constitución estatal opone la soberanía del Estado, no sólo a los antiguos derechos estamentales, sino también al mismo monarca que en ella encuentra la disciplina de sus prerrogativas, y al mismo pueblo al que se sustrae de esa manera el poder constituyente y, con él, la cualidad de sujeto soberano originario de cuya voluntad depende la misma constitución.

Éste parece ser el significado más profundo de aquel célebre pasaje en el que Hegel afirma que la constitución no es algo que *viene dado*, que resulta de la voluntad de un sujeto[122]. Si eso fuese posible, la misma existencia de la constitución dependería inevitablemente de esa voluntad que podría disponer de ella continuamente. En definitiva, no sería una constitución porque sería sólo la

---

120. *Ibid.*, pars. 273 ss., sobre la figura constitucional del monarca; pars. 298 ss., sobre el papel de la representación política; pars. 287 ss., sobre el papel del poder gubernativo y de la burocracia en particular.
121. *Ibid.*, par. 279.
122. *Ibid.*, par. 273.

proyección de una voluntad particular y no podría así representar ningún orden fundamental estable de los poderes y de las fuerzas sociales. Por el contrario, si hablamos de constitución es precisamente para expresar la necesidad de este orden, para ofrecer una respuesta adecuada a la necesidad de individuar *un núcleo estable* de la convivencia civil sustraído a toda voluntad particular.

En la reflexión de Hegel estaba contenida una respuesta, fuerte y plausible, a la necesidad de estabilidad que invadía toda la Europa de su tiempo. Y la respuesta consistía en una profunda revisión del mismo concepto de constitución. La constitución ya no podía ser entendida simplemente como norma que ordena los poderes y garantiza los derechos. Se entendía más bien como *orden fundamental* de la convivencia civil, construido a partir de las voluntades particulares de las concretas fuerzas sociales y de los mismos individuos, pero de manera que al final producía la supremacía de lo universal, del interés general, de la soberanía del Estado[123]. Contestar la constitución y el mismo Estado soberano significaba entonces destruir desde su base el orden civil y político, y exponerse así al arbitrio de todos, al incontrolado dominio de los intereses particulares, a las pretensiones unilaterales de los soberanos, a la periódica y descompuesta reproducción de las voluntades individuales.

El mensaje que venía de Alemania era bastante claro: una constitución fuerte, representativa de un sólido vínculo entre las fuerzas sociales, llamada a producir un poder público igualmente fuerte, un Estado soberano capaz de imponer la primacía del interés general sobre los intereses particulares. Este mensaje fue recibido de distintas maneras en la misma Alemania y posteriormente en otros países europeos. En Alemania la soberanía del Estado sirvió durante mucho tiempo para evitar los dos extremos de la soberanía del monarca y de la soberanía del pueblo, permitiendo una interpretación moderada de las constituciones vigentes en los distintos Estados alemanes, componiendo la función del monarca y de las asambleas representativas desde el punto de vista constitucional, y evitando una total dependencia de las constituciones de la voluntad del monarca así como su evolución en sentido democrático y popu-

---

123. Aparece aquí la célebre distinción del lenguaje político y constitucional alemán entre *Konstitution* y *Verfassung*. Los textos más relevantes de la discusión de la primera mitad de siglo se encuentran en *Restauration und Frühliberalismus 1814-1840*, ed. de H. Brandt, Darmstadt, 1979. Véanse también: H. Mohnhaupt y D. Grimm, *Verfassung. Zur Geschichte des Begriffs von der Antike bis zur Gegenwart*, Berlin, 1995, pp. 107 ss., y M. Stolleis, *Geschichte des öffentlichen Rechts in Deutschland*, 2 vols., München, 1988 y 1992, vol. II, pp. 99 ss.

lar[124]. Y más adelante, ya en la segunda mitad del siglo, gracias sobre todo a una refinada elaboración teórica en el plano del derecho público, se llegó en esta línea a considerar al monarca y a las mismas asambleas representativas como «órganos» del Estado, entendido como «persona», de manera que toda voluntad expresada en el campo del derecho público se considerara como voluntad estatal, como manifestación de la soberanía del Estado[125].

Junto a esta lectura moderada y liberal de la soberanía estatal encontramos otra, siempre en el curso de la segunda mitad del siglo, a partir sobre todo de la experiencia constitucional prusiana[126]. Toma aquí fuerza la idea de que el Estado era soberano sobre todo en cuanto ordenamiento originario, que se expresaba a través de algunas instituciones absolutamente esenciales: la monarquía, la burocracia, el ejército. Respecto a este núcleo fundamental e irrenunciable, la constitución —con sus asambleas representativas— era sentida como algo que se superponía, que venía después, que por ello no era indispensable para la vida del Estado. Se debían respetar, sin duda, las normas contenidas en la constitución, en cuanto éstas existieran de manera expresa y unívoca. Pero cuando estas normas no tenían un contenido claro, o simplemente no existían, se determinaba inmediatamente el deber inderogable del poder ejecutivo —que en concreto conducía los asuntos del Estado—, y por lo tanto del monarca con la burocracia, de actuar por el interés público, por el mantenimiento de la autoridad del Estado, incluso más allá de la constitución, incluso sin constitución. Como se sabe, la misma Prusia fue gobernada sobre esta base entre 1862 y 1866, precisamente en nombre del interés superior del Estado, sin un presupuesto aprobado por la representación popular, que era lo prescrito por la Constitución prusiana vigente[127]. Y poco después, Bismarck —el protagonista de ese acontecimiento— en un discurso parlamentario llegó a formular de manera explícita la idea de la *prioridad del Estado sobre la constitución*. Para Bismarck, el Estado, en nombre del interés nacional, es «la casa sólidamente

---

124. Los textos y los documentos de la historia constitucional alemana, desde las Constituciones del siglo XIX a 1933, se encuentran en E. R. Huber, *Dokumente zur deutschen Verfassungsgeschichte*, 4 vols., Stuttgart-Berlin-Köln, 1978-1991.

125. Véanse a propósito M. Stolleis, *Geschichte* II, cit., pp. 322 ss.; M. Fioravanti, *Giuristi e constituzione politica nell'Ottocento tedesco*, Milano, 1979; y ahora también M. Friedrich, *Geschichte der deutschen Staatsrechtswissenschaft*, Berlin, 1997.

126. Véase ahora el excelente trabajo de A. G. Manca *La sfida delle riforme. Costituzione e politica nel liberalismo prussiano (1850-1866)*, Bologna, 1995.

127. *Ibid.*, pp. 395 ss., para el análisis de estos acontecimientos.

construida», y la constitución, respecto a esa casa, puede concebirse como la elección por un determinado «arrendamiento», es el «lujo» que nos podemos permitir cuando sabemos que la casa ya existe[128].

En Europa, en el extremo opuesto respecto a la solución prusiana, encontramos la Constitución belga de 1831, que en su artículo 78 disponía: «el rey no tiene otros poderes que los que le son atribuidos formalmente por la Constitución o por las leyes emanadas en virtud de la Constitución». Pero sin llegar a la solución belga, ciertamente todas las constituciones liberales del siglo XIX podían considerarse relativamente distantes de la idea prusiana de la prioridad del Estado. Éstas se conformaban a otra versión de la soberanía del Estado más moderada y liberal, que consistía en una reconducción de las representaciones populares y del mismo monarca a la dimensión institucional de *poderes del Estado* en sí limitados por el derecho público estatal. Desde este punto de vista, la soberanía del Estado operaba necesariamente sobre dos frentes: cualificaba las representaciones populares como órganos del Estado, de manera que no podían concebirse como depositarias de la voluntad soberana del pueblo, y en igual medida cualificaba como órgano del Estado al monarca que, como individual y determinado poder del Estado, ya no podía pretender representar y personificar a todo el Estado, como había sucedido en Prusia. En suma, la soberanía del Estado impedía la soberanía popular y también la monárquica. Las constituciones del siglo XIX no querían ser democráticas y populares, pero tampoco monárquicas como el modelo constitucional prusiano: querían ser simplemente *constituciones estatales*.

Fue así inevitable, en la cultura constitucional del siglo XIX, que coincidiera la soberanía del Estado con la soberanía del ordenamiento jurídico dado por ese mismo Estado, que con sus reglas anulaba la *soberanía política* del monarca o del pueblo, transformándola en poderes jurídicamente regulados, insertos en ese mismo ordenamiento. En pocas palabras, esto es el *Estado de derecho*, que precisamente en los últimos años del siglo asume su forma teórica definitiva, recibida en varios países europeos gracias a la obra de Georg Jellinek (1851-1911), ciertamente el mayor jurista alemán en el cambio de siglo[129].

---

128. Las partes esenciales del discursos están en H. Mohnhaupt y D. Grimm, *Verfassung*, cit., p. 134.

129. G. Jellinek, *Allgemeine Staatslehre*, Berlin, 1900; trad. cast. *Teoría general del Estado*, Granada, 2000; Íd., «Die Politik des Absolutismus und die des Radikalismus (Hobbes und Rousseau)» (1891), en Íd., *Ausgewählte Schriften und Reden* II, Berlin, 1911, reed., Aalen, 1970, pp. 3 ss.; Íd., «Die Erklärung der Menschen und

Jellinek establece una serie de puntos firmes. El primero es la sustancial equiparación de Hobbes y de Rousseau. Se trata, en ambos casos, de doctrinas *políticas* de la soberanía[130] que inevitablemente tienden a legitimar poderes absolutos, privados de límites formales y sustanciales. De esta tradición política de la soberanía fue prisionera la misma Revolución francesa, que había salido de la demolición de la soberanía del rey generando otra soberanía igualmente absoluta, la del pueblo y sus representantes. Y contra todo esto era necesario llegar a la soberanía del Estado y su derecho, que consistía precisamente en la negación de todo principio político dirigido unilateralmente a monopolizar todo el espacio público.

Pero esto no es todo en la reflexión de Jellinek. Contiene también la convicción de que la mejor garantía posible para los derechos de los individuos y de los ciudadanos viene dada por el Estado de derecho, por el principio del Estado soberano. Sólo tal principio permite —como hemos visto— negar la soberanía política del monarca y del pueblo, que son las que históricamente han debilitado los derechos: la primera reduciéndolos a concesiones del soberano, la segunda proclamándolos en el plano político o quizás declarándolos, como en el 89 francés, y dejándolos después privados de garantías, a disposición de la voluntad —igualmente política— de las asambleas, de los representantes del mismo pueblo soberano. Por el contrario, en el sistema del Estado de derecho los derechos están sólidamente confiados a la ley del Estado soberano, disciplinada por las reglas constitucionales que garantizan que en su formación concurran poderes limitados en sí ya que no son expresión de ningún principio político dominante, ya que son conscientes de ser sólo y exclusivamente poderes del Estado.

Finalmente Jellinek sintetiza toda esta reflexión en la siguiente definición de constitución:

> La Constitución del Estado comprende los principios jurídicos que determinan cuáles son los órganos supremos del Estado, el modo de su formación, sus relaciones recíprocas y su esfera de acción, y en fin la posición fundamental del particular respecto al poder del Estado[131].

Bürgerrechte» (1895), en *Zur Geschichte der Erklärung der Menschenrechte*, ed. de R. Schnur, Darmstadt, 1964, pp. 1 ss.
130. De lo que hemos tratado en el primer epígrafe de este capítulo.
131. G. Jellinek, *Allgemeine Staatslehre* III, cit., p. 506.

Como se aprecia claramente, la constitución es esencial para la vida del Estado, porque sin ella no se sabría cuáles son los «órganos supremos», cómo se forman, cómo expresan su voluntad y qué límites tienen, y en fin cómo se sitúan los particulares, con sus derechos, frente al Estado. Pero también es cierto lo contrario. La relación entre Estado y constitución es tan estrecha que hace imposible la existencia del *Estado sin constitución,* pero también de *la constitución sin Estado.*

Ya está lejano el tiempo de la Revolución y también el inmediatamente posterior en los que a través de la constitución se expresaban sustancialmente los valores y principios políticos, como el de la soberanía del pueblo, o se emprendían batallas que se pensaban esenciales, como la limitación de los poderes. Está lejano Rousseau, así como también Kant y Constant, como otros muchos liberales de la primera mitad del siglo. Ahora la constitución existe sólo y exclusivamente para sostener un Estado soberano, para organizarlo, disciplinarlo, limitarlo. Sin este Estado la constitución carecería de fundamento y se reduciría a pura palabra de orden político. Y es indudable que para Jellinek, como para otros muchos al final del siglo XIX, la misma democracia y el mismo principio de soberanía popular pertenecían al campo de la pura política que había dominado la escena en el tiempo de la Revolución, pero que ahora el triunfante Estado de derecho había sometido. El Estado de derecho daba así una respuesta fuerte y adecuada a la necesidad de estabilidad que atravesaba la Europa liberal tras la Revolución, con la condición de dar un corte seco, de negar del todo el origen revolucionario del derecho público europeo, de manifestarse de manera explícita contra el principio democrático.

6. *Democracia y constitución*

Hemos aludido en varias ocasiones a la recepción del Estado de derecho alemán en varios países europeos. En Italia esa fórmula sirvió de manera excelente para favorecer una interpretación moderada del Estatuto albertino de 1848, o de la Carta constitucional del Piamonte de Saboya que en 1861 se convirtió en la Carta del Estado unitario. En la reconstrucción realizada por Vittorio Emanuele Orlando (1860-1952) en sus *Studi giuridici sul governo parlamentare* de 1886 el Estado no poseía ninguna «sustancia» originaria de raíz integralmente monárquica de tipo prusiano, y por ello se había adaptado bien para alentar la evolución del sistema político italiano en sentido parlamentario, sobre la institución de la confianza parlamentaria al gobierno, pero con una condición: que tal evolución no se realizara sobre la base del principio democrático de la soberanía popular, de la que descendía la primacía de la voluntad política de los representantes del pueblo, y que permaneciese firme, en el momento de la elección del gobierno, el valor, ciertamente no sólo formal, de la aprobación por parte del rey. El Estado de derecho de Orlando no toleraba el dominio unilateral de la voluntad regia sobre la constitución y el gobierno, pero con igual fuerza se contraponía también al dominio de la voluntad popular por medio de las asambleas electivas[132]. En suma, también en Italia la solución del Estado de derecho se mostraba ante todo en función de la afirmación de una vía «media», de la negación de los dos «extremos políticos» del absolutismo regio y de la soberanía popular.

Y finalmente en Francia, en el país de la Revolución, fue posible una lectura de la realidad constitucional inspirada por el ideal alemán del Estado de derecho. Esa realidad, en el cambio de siglo, estaba formada por las instituciones de la Tercera República, construidas sobre la base de las tres conocidas leyes constitucionales de 24 de febrero, 25 de febrero y 16 de julio de 1875, que habían ido evolucionando claramente hacia un dominio absoluto del parlamento y en particular de la Cámara elegida por sufragio universal, verdadera y auténtica dueña del gobierno frente a un presidente de la República privado en sustancia del poder de disolución. En general, lo que la Francia de ese momento mostraba era un dominio absoluto del parlamento, titular exclusivo del poder de hacer la ley y de imponer los tributos, dueño del mismo gobierno, protagonista de nuevo de manera exclusiva del procedimiento de revisión de la constitución que las leyes constitucionales de 1875 configuraban como un procedimiento puramente parlamentario. En esta situación no pocos advirtieron, también en Francia, la necesidad de enfrentarse con la herencia revolucionaria del *legislador soberano*, del dominio de los representantes del pueblo[133].

---

132. V. E. Orlando, «Studi giuridici sul governo parlamentare» (1886), en Íd., *Diritto pubblico generale*, Milano, 1954, pp. 345 ss. Sobre Italia, desde el punto de vista indicado en el texto, véase M. Fioravanti, «Le dottrine dello Stato e della costituzione», en R. Romanelli (ed.), *Storia dello Stato italiano*, Roma, 1995.

133. Véanse: O. Rudelle, «Il "legicentrismo" repubblicano», en *L'idea di repubblica nell'Europa moderna*, cit., pp. 465 ss., y M. J. Redor, *De l'État legal à l'État de droit. L'évolution des conceptions de la doctrine publiciste française 1879-1914*, Paris, 1992.

De tal exigencia se hizo intérprete en los primeros decenios del siglo XX Raimond Carré de Malberg (1861-1935), ciertamente el mayor estudioso francés del derecho público en el cambio de siglo[134]. No dudó en apoyarse en la doctrina alemana del Estado de derecho para poner un límite a la tendencia del derecho público francés a proponer continuamente el dominio, cuasi ilimitado, del legislador representante del pueblo soberano. Y Carré de Malberg se remontó explícitamente a la matriz revolucionaria democrática de la soberanía popular de la que derivaba, a su juicio, en la específica historia constitucional francesa, la sobrevaloración de la función de las asambleas populares electivas, de los diputados representantes del pueblo soberano. Ya que, al contrario de lo que había sucedido en los Estados Unidos, el mismo jurista francés no veía ninguna posibilidad de lograr en Francia la práctica del control de constitucionalidad, la única esperanza de introducir una limitación eficaz a los poderes del parlamento provenía de Alemania y consistía en considerar el poder legislativo como un simple órgano del Estado, regulado por la constitución estatal y, sobre todo, desvinculado de la tradición política democrática que partía de la Revolución, del traslado a, y de la concentración en, la asamblea legislativa de los poderes y de la fuerza del mismo pueblo soberano.

También en Francia, entonces, y no sólo en Alemania o en Italia, el derecho público se construía, en el cambio de siglo, sobre una base estatal, mediante una oposición cada vez más clara y neta al principio democrático de la soberanía popular. Incluso en Inglaterra, aunque obviamente por caminos distintos, el derecho público constitucional se afirmará sustancialmente fuera de toda referencia al principio democrático que ya al final del siglo XVIII Jeremy Bentham había sostenido[135].

En el curso del siglo XIX la única excepción relevante venía de la figura de John Stuart Mill (1806-1873), que sin duda trata de valorar en el plano constitucional la extensión del sufragio, situando en el parlamento el lugar en el que, a través del ejercicio de los derechos políticos de participación, el pueblo soberano se representa en su complejidad y en su conjunto, proporcionando así la base necesaria para la asunción de toda decisión de relevancia pública,

---

134. R. Carré de Malberg, *Contribution à la théorie générale de l'État*, 2 vols., Paris, 1922 y 1928; trad. cast. *Teoría general del Estado*, México, 1998; e Íd., *La Loi, expression de la volonté générale*, Paris, 1931.

135. Véase el tercer epígrafe de este mismo capítulo.

incluida la elección del gobierno[136]. Se trata, sin embargo, de una opinión aislada. La obra dominante en el derecho público inglés de ese tiempo es más bien la *Introduction to the Study of the Law of the Constitution* de Albert Venn Dicey (1835-1922), editada varias veces y con gran éxito a partir de 1885[137]. Se trata de una obra en la que la imagen del parlamento todavía prevalente e incluso dominante es la tradicional, tomada incluso de Blackstone[138], del *King in Parliament*, de las tres ramas del parlamento, que sirve para representar la ley del parlamento como el resultado razonable y equilibrado, meditado y no extemporáneo, de tres voluntades: del rey, de la componente popular y de la aristocrática[139].

Un parlamento de este género, constituido para representar y contener la multitud de instituciones y lugares de los que el reino se compone no pretenderá de ninguna manera representar al «pueblo soberano» y menos aún haber recibido de ese pueblo el mandato de gobernar, de disciplinar las relaciones civiles y sociales con el soberano instrumento de la ley. Precisamente por este motivo el parlamento inglés, así entendido, no constituirá nunca una verdadera amenaza para la supremacía de la ley del país (*supremacy of the law of the land*), que es la ley que los tribunales común y generalmente aplican: ese parlamento es, en efecto, expresión en sentido histórico y de manera casi natural y necesaria de la misma realidad social y política que ha dado lugar a esa ley; y no constituye de ninguna manera un «sujeto» por sí mismo, dotado de una «voluntad» política autónoma que pretenda imponerse a la sociedad y a los jueces, acaso en nombre del pueblo soberano, como había sucedido en el tiempo de la Revolución.

Con Dicey aparece todavía más claro el significado profundo de la célebre *soberanía del parlamento inglés*. Esa soberanía no tiene nada que ver con la primacía política e institucional de los representantes del pueblo soberano que la Revolución francesa

---

136. J. Stuart Mill, *Considerations on Representative Government* (1861); trad. cast. *Del gobierno representativo*, Madrid, 1985. Excelentes consideraciones aporta M. Dogliani, «L'idea di rappresentanza nel dibattito giuridico in Italia e nei maggiori paesi europei», en P. L. Ballini (ed.), *Idee di rappresentanza e sistemi elettorali in Italia tra Otto e Novecento*, Venezia, 1997, pp. 21 ss.
137. A. V. Dicey, *Introduction to the Study of the Law of the Constitution*, London, 1885, ⁷1908, ⁸1915, reed., London, 1926. Sobre Dicey véase S. Cassese, «Albert Venn Dicey e il diritto amministrativo»: *Quaderni fiorentini per la storia del pensiero giuridico moderno* 19 (1990), pp. 5 ss.
138. Véase el segundo epígrafe de este mismo capítulo.
139. A. V. Dicey, *Introduction*, cit., pp. 37 ss., p. 402.

había afirmado de distintas maneras. Por el contrario, para un inglés como Blackstone o como el mismo Dicey afirmar la soberanía de la más relevante institución política del propio país, es decir, del parlamento, significa precisamente negar que antes de él haya existido, como se pensaba en el tiempo de la Revolución no sólo en Francia sino también en los Estados Unidos, un pacto fundamental, un *poder constituyente*, que haya definido los contornos de todos los poderes y así también del mismo parlamento. El parlamento era entonces proclamado soberano por los ingleses porque no debía su existencia a una ley constitucional de orden superior, querida por un poder precedente, agente en sentido constituyente. En pocas palabras, era soberano porque no aparecía como una autoridad derivada, legitimada por el principio democrático de la soberanía popular.

Por este mismo motivo la ley del parlamento no puede ser derogada, modificada o alterada por otra autoridad: si eso fuese posible, aunque sólo sucediese por la vía estadounidense de la no aplicación de la ley como expresión del control de constitucionalidad, se abriría evidentemente el problema de individuar, por esta vía, un sujeto superior al parlamento, autor de una ley constitucional superior a la del parlamento[140]. En el fondo, si los mismos jueces americanos pensaban que podían y debían no aplicar las leyes que se pensaban que estaban en contraste con la constitución, era porque en aquel sistema había que tutelar —en primer lugar— la supremacía de la ley fundamental, es decir, de la voluntad del pueblo soberano, de un sujeto originario superior al mismo legislador. En pocas palabras, poner en discusión la soberanía del parlamento, incluso mediante el control de constitucionalidad, significaba antes o después reabrir la cuestión de la soberanía popular, del poder constituyente, de la democracia. Que era precisamente lo que los ingleses intentaban evitar.

En fin, la otra relevantísima operación realizada por Dicey es la de relacionar estrechamente el parlamento así concebido con la célebre *rule of law*, con la garantía de seguridad, especialmente referida a la libertad personal y a la propiedad, que la constitución inglesa ofrece[141]. En efecto, el primer fundamento de esa garantía está en la *reserva de jurisdicción*, es decir, en que los derechos son considerados, casi por naturaleza, materia que debe encontrar la mejor disciplina posible en sede jurisdiccional, sin que el parla-

---

140. *Ibid.*, p. 58, 85 ss., 132 ss.
141. *Ibid.*, pp. 179 ss.

mento pretenda definir en abstracto, y menos imponer, una razón «política» a esta delicadísima materia. El parlamento inglés está lejos de tales tentaciones prevaricadoras y, en la concepción de Dicey, no pretende de ninguna manera ser un parlamento «político», representante del pueblo soberano, de quien recibe el mandato de gobernar la sociedad.

Así, el cerco se cierra. Y la negación, típicamente inglesa, del poder constituyente aparece con toda evidencia para mantener viva la imagen tradicional del parlamento inglés como lugar institucional de representación de la comunidad política legitimado por la historia, por la larga práctica constitucional iniciada en plena Edad Media, y no en ningún principio democrático concreto. Un parlamento que está pegado a la realidad concreta de la comunidad política en sus distintas articulaciones se encuentra —precisamente por esto— lejos de toda pretensión de representar al pueblo soberano y de gobernar en su nombre el espacio todo de la sociedad civil. En fin, un parlamento que —precisamente por estos motivos y en particular por la ausencia de una función específica y autónoma del principio democrático— resulta ser casi totalmente inmune a las tentaciones políticas de raíz dirigistas y deja así que los derechos encuentren su forma en los tribunales, como quería la *rule of law*, el principio fundamental del derecho público inglés.

Como se aprecia con claridad, todo *el derecho público europeo* del cambio de siglo se afirma en oposición al principio democrático de la soberanía popular. Contra este principio opera sin duda el modelo alemán del Estado soberano, del Estado de derecho, de la constitución estatal, distinta en sí de las constituciones políticas de la revolución, ya que carece deliberadamente de un origen voluntarista y constituyente, y tiende a reducir todos los sujetos públicos —comprendida la asamblea de los representantes del pueblo— a la dimensión institucional, ya no política, propia de los poderes del Estado, de los órganos del Estado. Pero opera también la otra gran idea presente en la Europa de ese tiempo, que es ciertamente la inglesa de la soberanía del parlamento. El parlamento inglés es calificado de «soberano» sobre todo por excluir que él y su ley deriven de la ley constitucional querida por el poder constituyente del pueblo soberano. En suma, las constituciones de ese tiempo pueden ser estatales o tal vez parlamentarias, pero ciertamente no son de ninguna manera *constituciones democráticas* porque todas excluyen el proceder de un poder constituyente, el estar legitimadas por el principio democrático.

Por lo demás, la «constitución democrática» era un concepto de difícil comprensión. Rousseau, unánimamente considerado el autor «democrático» por excelencia, se había ocupado de soberanía y no de constitución[142]. En la línea de pensamiento que inauguró, la democracia es lo que califica al régimen político justo, basado en el principio de igualdad, que sólo instrumentalmente —y siempre en función de la afirmación del principio de soberanía popular— puede organizarse en formas constitucionales precisas y ordenadas, que por otra parte pueden ser continuamente modificadas y renovadas por el mismo pueblo soberano. Tampoco se podía olvidar fácilmente que la fase radical y jacobina de la Revolución francesa había producido una Constitución como la de 1793, en la que el pueblo soberano —directamente o a través de la asamblea política de sus representantes o mandatarios— dominaba todo el espacio constitucional reduciendo casi a cero los otros poderes, ejecutivo y judicial, y subordinando a su permanente voluntad la misma revisión de la Constitución. En suma, en la tradición política y constitucional europea el principio democrático aparecía como un principio casi por naturaleza destinado a expresarse de manera desmesurada, a legitimar poderes que difícilmente podían controlarse —como el legislativo de los representantes del pueblo soberano—, a rechazar antes o después lo que en la forma constitucional era más esencial, es decir, la dimensión del límite, de la garantía, del equilibrio. Por lo demás, la «constitución democrática» era como mucho, en la segunda mitad del siglo XIX, un recuerdo de una llamarada, como el caso de la Constitución de la Segunda República en Francia, de 1848, también ella pronto marchita y superada[143].

En el mapa constitucional europeo de comienzos del siglo XX la constitución democrática está prácticamente ausente. Tenemos una república, la Tercera de Francia, basada, sí, en el sufragio universal y en la primacía de la asamblea de representantes del pueblo, pero recorrida por la necesidad de circunscribir, de limitar, de extirpar y remover las raíces revolucionarias, democráticas y constituyentes, del desmesurado poder del legislador. Después, tenemos una serie de monarquías más o menos intensamente parlamentarizadas, o desde otro punto de vista más o menos cercanas al modelo alemán, pero que evitan cuidadosamente una evolución en sentido democrático, como es el caso de Italia. Y tenemos, en fin, en Inglaterra, un parlamento que es proclamado soberano, sobre todo, por ex-

---

142. Véase el primer epígrafe de este mismo capítulo.
143. Véanse las conclusiones del cuarto epígrafe de este mismo capítulo.

cluir que su ley pueda ser considerada fruto derivado de la ley fundamental querida por el pueblo soberano. En definitiva, tenemos en Europa distintos regímenes políticos pero *ninguna constitución democrática*.

Precisamente por este motivo, y porque es el punto de partida, hay que señalar con fuerza la importancia del cambio que se produce en Europa a partir de los años veinte, con la apertura de una fase de gran intensidad política que conduce a la fundación de repúblicas, como la alemana de Weimar, instaurada por la Constitución de 11 de agosto de 1919; después, a su superación por parte de regímenes totalitarios, como en la misma Alemania o en Italia; e incluso al retorno, con la última posguerra mundial, a los regímenes democráticos dotados de diversas maneras de un sentido social. En esta fase, quizás una de las más dramáticas de toda la historia europea, la constitución ya no podía ser sólo estatal, en la línea del modelo alemán del siglo XIX, ni sólo parlamentaria, en la línea de la gran tradición inglesa. La constitución debía representar grandes rupturas y situarse como fundamento de nuevos regímenes políticos, concurriendo a legitimarlos de manera decisiva, como en el caso de las democracias que en la última posguerra mundial han salido de las cenizas de los precedentes regímenes totalitarios. En suma, la constitución tenía necesidad de contener en sí las grandes decisiones del *poder constituyente*, enunciándolas con otras igualmente grandes normas de principio, sobre todo en materia de derechos fundamentales y de igualdad. La constitución, en cierto sentido, ha vuelto así a poseer, como en tiempo de la revolución, un contenido *político* que está directamente ligado a la voluntad constituyente del pueblo soberano y que es un contenido *democrático*.

Precisamente la Constitución alemana de Weimar de 1919 representa en cierto sentido el comienzo de las constituciones democráticas del siglo XX[144]. Si adoptamos un punto de vista histórico-comparativo e imaginamos que la constitución democrática europea del siglo XX representa un tipo histórico de constitución, una forma constitucional históricamente determinada, no es difícil ver que la Constitución de 1919 contiene todos los elementos propios y espe-

---

144. Sobre Weimar véanse al menos: H. A. Winkler, *Weimar 1918-1933. Die Geschichte der ersten deutschen Demokratie*, München, 1993; trad. it. *La Repubblica di Weimar. 1918-1933: storia della prima democrazia tedesca*, Roma, 1998; C. Gusy, *Weimar. Die wehrlose Republik?*, Tübingen, 1990; F. Lanchester, *Alle origini di Weimar. Il dibattito costituzionalistico tedesco tra il 1900 e il 1918*, Milano, 1985; y G. Gozzi, *Democrazia e diritti. Germania: dallo Stato di diritto alla democrazia costituzionale*, Roma-Bari, 1999.

cíficos de nuestro «tipo histórico», que no por casualidad recorrerán, de diversas maneras, todas las constituciones democráticas sucesivas, comprendidas las aún vigentes, como la italiana de 1948.

El primero de estos elementos, del que en cierta medida todos los otros derivan, parte de la renovada presencia de un explícito poder constituyente, que se coloca al inicio de la constitución y que, en el caso de 1919, es ejercido por el pueblo alemán. La constitución existe porque el sujeto titular de aquel poder, que es el mismo pueblo soberano, la ha querido, tomando determinadas decisiones e imprimiendo por consecuencia, a esa misma constitución, determinados caracteres. Esas decisiones, a su vez, aparecen transcritas en la constitución, en el plano normativo, a través de grandes principios, que en general se refieren a los derechos de los ciudadanos en el plano civil, político y también social. El conjunto de estas normas, en fin, se concibe, a partir de 1919 —y en el concreto desarrollo de la experiencia de las constituciones democráticas del siglo XX—, como un verdadero y auténtico *núcleo fundamental* de la constitución, derivado directamente del poder constituyente, de manera que representa el aspecto más esencial y en definitiva irrenunciable de cada constitución.

La constitución democrática del siglo XX, a partir de Weimar, pretende superar los confines fijados por la precedente forma constitucional estatal y parlamentaria. En pocas palabras, ya no pretende limitarse al ordenamiento de los poderes y al reenvío a la ley para garantizar los derechos; más bien pretende, sobre todo, significar la existencia de algunos principios fundamentales generalmente compartidos, que el ejercicio del poder soberano constituyente del pueblo ha colocado en la base de la convivencia civil. A partir de aquí comienza una nueva historia que, en buena medida, consiste en la búsqueda de los *instrumentos institucionales* necesarios para la tutela y para la realización de estos principios fundamentales. Baste decir que entre éstos existen al menos dos que, desde este punto de vista, presentan problemas de notable relevancia: *el principio de la inviolabilidad de los derechos fundamentales*, que de nuevo propone la gran cuestión del control de constitucionalidad de las leyes en relación con las constituciones que han enunciado esos derechos normativamente, y el *principio de igualdad,* que —en las constituciones democráticas— tiende a afirmarse más allá de la mera prohibición de la discriminación, situándose en el plano del acceso a los bienes fundamentales de la convivencia civil, tal como la instrucción o el trabajo, poniendo así de manifiesto la otra gran cuestión de la garantía y de la realización de los derechos sociales.

En Weimar esta búsqueda estaba apenas comenzando, y se produjo de manera confusa y contradictoria. Por una parte se afirmaron los derechos fundamentales (*Grundrechte*), sabiendo, al menos en parte, que se trataba de algo en sustancia nuevo respecto al mero reenvío a la ley contenido en las constituciones estatales del siglo anterior; pero, de otra parte, no se instituyó ningún verdadero y auténtico control de constitucionalidad. Y todavía más: se pensó con frecuencia que correspondía al legislador y a los partidos, presentes en el parlamento con método rigurosamente proporcional, actuar los contenidos de la Constitución y en particular lo que se refería a la problemática de la igualdad y de los derechos sociales; pero al mismo tiempo se desconfió, desde el principio, de esta centralidad política e institucional del parlamento —del llamado «absolutismo parlamentario»— y se estimó necesario un contrapeso, que se obtuvo con la figura del presidente elegido directamente por el pueblo y dotado de poderes de gran relevancia, todos de alguna manera ligados a su función principal de representación activa, y no meramente simbólica, de la unidad del pueblo alemán.

En una situación de este género, por muchos aspectos incierta e indefinida, fueron posibles interpretaciones del nuevo carácter democrático de las constituciones del siglo XX ciertamente brillantes, pero también extremas y parciales, como la ofrecida por Carl Schmitt (1888-1985) en su *Doctrina de la Constitución* publicada en 1928[145]. Para Schmitt una constitución es democrática cuando es capaz de representar y hacer vivir, en el plano institucional y político, al sujeto constituyente que le ha dado vida, es decir, al pueblo soberano. En este plano, la doctrina constitucional de Schmitt está fuertemente señalada por el intento de recuperar una imagen fuerte y positiva del evento revolucionario francés y de su fuerza constituyente, después de que, durante un largo espacio de tiempo, en el curso del siglo XIX, se hubiera cultivado un recuerdo problemático de la revolución que llevaba consigo temores difusos cuando se apuntaba, precisamente en el aspecto constituyente, sobre la figura majestuosa, pero para muchos también peligrosa, del pueblo soberano. Schmitt es el jurista europeo del siglo XX que, sobre todo en

---

145. C. Schmitt, *Verfassungslehre*, Berlin, 1928; trad. cast. *Teoría de la constitución*, ed. de Francisco Ayala, Madrid, 1983. Sobre las doctrinas constitucionales de Schmitt véanse al menos: C. Galli, *Genealogia della politica. Carl Schmitt e la crisi del pensiero politico moderno*, Bologna, 1996, y G. Preterossi, *Carl Schmitt e la tradizione moderna*, Roma-Bari, 1996. En un plano distinto se sitúa el reciente volumen de A. Predieri, *Carl Schmitt, un nazista senza coraggio*, 2 vols., Firenze, 1999.

este punto, rompe los prejuicios. Para él, si la constitución existe y funciona como una ley fundamental de la comunidad política, es porque contiene un irrenunciable *elemento político* que consiste en ser expresión del pueblo soberano, que se ha manifestado en el plano normativo a través de ella.

Sobre esta base, y también en el caso de la Constitución de Weimar de la que el propio Schmitt se ocupa directamente, se fueron reuniendo todos los otros elementos que caracterizan la constitución y que en general derivan de la tradición del constitucionalismo liberal: la separación y el equilibrio entre los poderes, la tutela jurisdiccional de los derechos, el método parlamentario para la asunción de las decisiones políticas. Para Schmitt se trata de elementos esenciales, de primera magnitud. Pero él destaca también que, a lo largo del siglo XIX, se había llegado a un punto en el que eran considerados como los únicos realmente necesarios para la existencia de una constitución, que entonces venía a considerarse como una pura norma que se agotaba en la función de ordenamiento de poderes y de garantía de los derecho. En otras palabras, Schmitt piensa que los dos grandes filones dominantes en el siglo XIX, el estatal alemán y el parlamentario inglés, habían robado a las constituciones su contenido político, eliminando desde la raíz la referencia al pueblo soberano, al poder constituyente, al principio democrático. Y piensa también que en esta situación se terminaría, antes o después, por perder completamente el significado unitario de la constitución, que, sin la necesaria conexión con el principio político democrático, antes o después se habría desmembrado en una serie de leyes constitucionales distintas, más o menos reforzadas en el plano formal y, así, más o menos modificables libremente[146].

Schmitt aplicó también esta manera de entender la constitución democrática a la concreta y penosa situación de la República de Weimar. En un ensayo de 1931 dedicado a *El guardián de la Constitución*, Schmitt piensa que el Presidente elegido directamente por el pueblo, a la luz de los artículos 130 y 46 de la Constitución que lo ponían en la cumbre de la burocracia —entendida como fuerza estatal independiente y neutral—, representaba ahora, él solo, más allá del parlamento gravemente dividido e incapaz de expresar un gobierno sólido y duradero, el elemento político de la Constitu-

---

146. C. Schmitt, *Dottrina della costituzione*, cit., pp. 15, 41, 64, 69 ss., 108 ss., 171 ss., 264, 279, 291 ss., 401 ss., para los fragmentos de la obra de Schmitt que creemos más significativos para la línea indicada en el texto.

ción, la unidad del pueblo alemán que el mismo Schmitt pensaba que era esencial, como sabemos, para la vida de la Constitución. En suma, desde el punto de vista del jurista alemán se debía evitar que la crisis del conjunto de los partidos y de la representación política del parlamento arrastrase consigo a toda la Constitución. Por el contrario, la Constitución podía y debía continuar viviendo, recurriendo a la fuerza representativa del presidente elegido por el pueblo, que hubiera permitido, gracias al ejercicio de los amplios poderes extraordinarios atribuidos por el artículo 48 de la misma Constitución al Presidente, mantener vivo no sólo el principio político de la unidad del pueblo alemán sino también el ordinario funcionamiento del Estado y de la burocracia, también ella conectada al Presidente, como hemos visto, por las normas constitucionales[147].

Con esto se hacía evidente un itinerario bastante particular. Schmitt partía de la apología del poder constituyente de la Revolución francesa y llegaba a la apología del principio de *continuidad del Estado*, renovando así la idea autoritaria —específicamente prusiana— de la *primacía del Estado sobre la constitución*[148]. Concebía así que era posible, e incluso obligado en ciertas situaciones de crisis, apartar la constitución que históricamente había sostenido el constitucionalismo liberal, la separación y equilibrio entre los poderes, el mismo parlamentarismo, a favor de *otra constitución* que no era otra cosa que la representación, a través del presidente elegido por el pueblo, de la unidad y de la continuidad del Estado alemán y de su pueblo. Lo más importante es que esta otra constitución es para Schmitt explícitamente *democrática* precisamente porque expresa la existencia política del pueblo alemán, es decir, el sujeto constituyente soberano que originariamente había generado la Constitución. Schmitt parece repetir aquí los acentos más radicales de Rousseau y parece recordar en pleno siglo XX la condena de siempre, que quiere que en el principio democrático esté contenida alguna exageración, irreductible a las formas constitucionales, inconciliable con la constitución entendida como criterio de estabilidad, de moderación, de limitación.

Precisamente éste era el problema del nuevo siglo, al que evidentemente la doctrina de Schmitt no ofrecía ninguna respuesta:

---

147. C. Schmitt, *Der Hüter der Verfassung* (1931), reed., Berlin, 1969; trad. cast. *La defensa de la constitución*, Madrid, 1983; trad. it. *Il custode della costituzione*, Milano, 1981, pp. 156 ss. y 227 ss.
148. Véase el epígrafe anterior.

encontrar una forma constitucional estable y adecuada al principio democrático, realizar en el plano constitucional *el encuentro entre democracia y constitucionalismo*, que desde siempre pertenecían a dos campos distintos y con frecuencia contrapuestos, la una expresando esencialmente la idea de la soberanía del pueblo o de la nación, el otro expresando esencialmente las ideas del límite, del equilibrio, de la garantía, de la moderación; la primera dirigida a legitimar el poder de quien está llamado a representar al pueblo soberano, el segundo dirigido a limitar ese poder, a establecer condiciones fijas e inderogables para su ejercicio.

A lo largo del siglo XX se produjo otro gran intento de individuar en el plano teórico los caracteres de la constitución democrática, que se sitúa —por muchos aspectos— en las antípodas del asumido por Schmitt. Se trata de la conocida teoría de la democracia y de su constitución elaborada por Hans Kelsen (1881-1973) desde su primer trabajo científico de 1911 dedicado a los *Problemas fundamentales de la doctrina del derecho público*, y después desarrollada con gran intensidad en los años sucesivos[149]. Para Kelsen la constitución democrática es, sobre todo, el tipo histórico de constitución que desde la Revolución francesa en adelante ha asumido la tarea de demoler, progresivamente, todo poder privado de un explícito fundamento normativo, de una formal atribución de competencia a través de la mismas normas constitucionales. En pocas palabras, la constitución democrática es la constitución que tiende a afirmar el principio del necesario fundamento normativo de todo poder. Es democrática porque tiende a excluir *poderes*

---

149. H. Kelsen, *Hauptprobleme der Staatsrechtslehre entwickelt aus der Lehre vom Rechtssatze* (1911), Tübingen, 1923, reed., Aalen, 1960; trad. cast. *Problemas capitales de la teoría del Estado. Desarrollados con base en la doctrina de la proposición jurídica*, México, 1987. Para los ensayos posteriores de Kelsen resulta fundamental H. Kelsen, A. J. Merkl y A. Verdross (eds.), *Die Wiener Rechtstheoretische Schule. Ausgewählte Schriften*, Wien-Frankfurt a. M.-Zürich, 1968, 2 vols. Algunos de estos ensayos están bien traducidos al italiano en las siguientes recopilaciones: H. Kelsen, *La democrazia*, Bologna, 1970; Íd., *L'anima e il diritto*, Napoli, 1989; Íd., *Dio e Stato. La giurisprudenza come scienza dello spirito*, Napoli, 1988; Íd., *Il primato del parlamento*, Milano, 1982; Íd., *La giustizia costituzionale*, Milano, 1981; algunos están traducidos al castellano en Íd., *La idea del derecho natural y otros ensayos*, México, 1979; e Íd., *Escritos sobre la democracia y el socialismo*, Madrid, 1988. Sobre la doctrina constitucional de Kelsen puede verse M. Fioravanti, «Kelsen, Schmitt e la tradizione giuridica dell'Ottocento», en G. Gozzi y P. Schiera (eds.), *Crisi istituzionale e teoria dello Stato in Germania dopo la Prima guerra mondiale*, Bologna, 1987, pp. 51 ss. Véase ahora también el ensayo de G. Bongiovanni, *Reine Rechtslehre e dottrina giuridica dello Stato. Hans Kelsen e la costituzione austriaca del 1920*, Milano, 1998.

autocráticos, es decir, poderes que buscan autolegitimarse, afirmar un fundamento propio y distinto, distinto por su naturaleza de aquel de la norma constitucional, que es por el contrario el único fundamento, según Kelsen, admisible en democracia. Desde el punto de vista del régimen político, se deduce que es democrático el régimen que no sobrevalora ningún poder, que reconduce todos los poderes a la norma constitucional.

Bajo este perfil, la constitución democrática tiene un primer y obstinado adversario que es el *principio monárquico*, es decir, el principio que —sobre todo en Alemania— había mantenido al rey, al ejecutivo, a la administración: poderes muy relevantes, fundados sobre la idea —que como hemos visto era especialmente fuerte en Prusia[150]— de que el conjunto institucional monarquía-burocracia representaba el «Estado», es decir, el núcleo fundamental de la experiencia política, casi por naturaleza anterior a la misma constitución. Desde este primer punto de vista, la constitución democrática de Kelsen es, en primer lugar, *una constitución republicana*, en el sentido de que la monarquía representa, en esta línea, la forma de Estado que mejor tiende a afirmar un poder ya dado, el de la monarquía y la burocracia, que representan el «Estado» que, a su vez, busca por todos los medios situarse más allá de la constitución y de las normas que ésta dicta, violando así la regla fundamental, sostenida por Kelsen, que debe prever y autorizar de manera explícita y expresa cualquier poder[151].

Pero el «Estado» así entendido no es el único adversario de la constitución democrática de Kelsen. Esa constitución tiene un segundo carácter necesario: es por naturaleza *una constitución pluralista*. Contra toda la tradición inaugurada por Rousseau, Kelsen piensa que la constitución democrática no es tal por haber sido querida por el pueblo soberano mediante el ejercicio del poder constituyente originario. Considera al «pueblo soberano», entendido como «sujeto» o como «persona» que ha dado vida a la constitución, como una verdadera y auténtica abstracción, inaceptable porque no corresponde de ninguna manera a la experiencia concreta de las constituciones del siglo XX. Si estas últimas pretenden ser democráticas es precisamente porque ya no derivan de la voluntad

---

150. Véase el epígrafe anterior.
151. Entre los numerosos ensayos kelsenianos dedicados a estos problemas se puede señalar sobre todo H. Kelsen, «Das Verhältnis von Staat und Recht im Lichte der Erkenntniskritik» (1921), en *Die Wiener Rechtstheoretische Schule*, cit., pp. 3 ss.; trad. it. *L'anima e il diritto*, cit., pp. 3 ss.

de un «sujeto» o de una «persona» que puede considerarla fruto de sus propias elecciones. Las constituciones del siglo XX son democráticas precisamente porque son constituciones *sin autor* y están protegidas del peligro de que alguno pueda considerarlas como algo propio, algo de lo que puede disponer libremente. Para Kelsen la constitución es democrática cuando no tiene dueños, cuando niega a todos la posibilidad de dictar de manera autorizada su interpretación auténtica conforme a la voluntad del soberano, del sujeto que aparece, en la línea que él critica, como el autor de la constitución, como el titular del originario poder constituyente.

Contra todo esto no es casual que Kelsen sitúe en el pluralismo el valor fundamental de la democracia y el carácter basilar de la misma constitución democrática. Bajo este perfil el gran ensayo de 1911 ofrece un nuevo modelo a través del estudio de la génesis de la constitución democrática, ahora ya desvinculada completamente de la figura revolucionaria del «poder constituyente» y descrita, con un ojo despiadadamente realista, como un verdadero y auténtico proceso histórico en el que una gran cantidad de sujetos, de fuerzas sociales, de grupos de intereses buscan reglas comunes y adecuados puntos de equilibrio[152]. En esta situación la constitución no es hija de un «poder» o de un «sujeto» que exprese una «voluntad» como el pueblo soberano de la tradición rousseauniana, sino de *un proceso* que produce constitución en la medida en que es capaz de mediar, de componer, de representar en su interior la pluralidad de las fuerzas y de los concretos intereses existentes.

Llegamos así al tercer carácter de la constitución democrática de Kelsen, que es republicana, pluralista y, finalmente, *parlamentaria*, ya que el parlamentarismo es para Kelsen el método más adecuado para la finalidad que esa constitución se propone, que es precisamente el de la composición en formas institucionales de la pluralidad de los intereses sociales. Tal composición se realiza para nuestro jurista en el parlamento, a través del diálogo, del compromiso, de la renuncia por parte de todos a representar el interés general, el Estado de la tradición decimonónica o el pueblo de la tradición democrática que parte de Rousseau.

De tal diálogo y de tal compromiso son para Kelsen artífices *los partidos políticos*, que representan en el parlamento los distintos y plurales intereses que componen la sociedad, encaminándolos al necesario momento de la mediación. Y esto debe suceder necesariamente, según una lógica rigurosamente proporcionalista, de mane-

---

152. H. Kelsen, *Hauptprobleme*, cit., en especial pp. 406 ss.

ra que cada grupo político esté presente en el parlamento en proporción al consenso del que efectivamente goce en la sociedad, a la cantidad de intereses y de necesidades que ha logrado expresar en el plano político según resulte de la verificación electoral. Si no fuese así, esos grupos políticos y sociales que eventualmente fuesen excluidos de la representación parlamentaria se situarían en una posición de extrañeza y probablemente en tendente oposición respecto a la misma ley del parlamento, y la constitución fallaría así respecto a su finalidad principal, que es la de integración, en el sentido de pacífica y razonable coexistencia, de la pluralidad de las fuerzas sociales y políticas. Por este motivo, «es de extrema importancia que *todos* los grupos políticos estén representados en el parlamento en proporción a su fuerza si se quiere que el parlamento represente *la situación de hecho de los intereses en conflicto*, lo que es el postulado teórico para llegar a un compromiso»[153].

En la constitución democrática de Kelsen existe una indudable *primacía del parlamento*, ya que el parlamento es el lugar institucional en el que se realiza la principal función de la misma constitución que es la de la mediación, en el que se concreta el ideal de la convivencia civil, de la resolución pacífica y reglada de los conflictos sociales y políticos. Sin embargo en Kelsen esta primacía nunca se traduce en *soberanía* del parlamento, ya que la ley que de ese parlamento emana mantiene su posición de supremacía en el sistema de las fuentes del derecho, y su misma validez, en cuanto corresponde —en las formas y en las reglas de procedimiento que han conducido a su adopción y en sus contenidos— a ese ideal de pluralismo que anima desde la base toda la concepción kelseniana de la democracia. Pero cuando esa misma ley se propone como *puro acto de voluntad de la mayoría*, como instrumento de dominio de algunos intereses sociales sobre otros, para Kelsen es absolutamente necesario poner un límite a la ley, ya que en esa situación está en juego la misma constitución entendida como «principio en el que se expresa jurídicamente el equilibrio de las fuerzas políticas»[154].

---

153. H. Kelsen, *Das Problem des Parlamentarismus*, Wien-Leipzig, 1924; trad. cast. «El problema del parlamentarismo», en *Escritos sobre la democracia y el socialismo*, Madrid, 1988, pp. 85-108. Sobre el papel de los partidos políticos, véase sobre todo H. Kelsen, *Vom Wesen und Wert der Demokratie*, Tübingen, 1929; trad. cast. *Esencia y valor de la democracia*, Madrid, 1977.

154. H. Kelsen, *La garantie juridictionnelle de la Constitution (La justice constitutionnelle)* (1928); trad. it. «La garanzia giurisdizionale della costituzione (La giustizia costituzionale)», en Íd., *La giustizia costituzionale*, cit., p. 152; trad. cast. «La

Este límite se obtiene mediante la institución del *control de constitucionalidad* confiado al tribunal constitucional. La presencia de este tribunal, dotado explícitamente del poder de declarar inválidas las leyes contrarias a la constitución, no contradice el principio democrático ya que éste no está incorporado —como en la tradición que parte de la revolución— a la asamblea de los representantes del pueblo. La ley ya no es intacable porque ya no contiene, a través de la representación, la «voluntad general», la «voluntad» del mismo pueblo soberano. La ley vale ahora en cuanto, y sólo en cuanto, realice en sí el ideal democrático de la pacífica convivencia entre la pluralidad de las fuerzas e intereses que operan en realidad. Así, entre una constitución democrática que contiene ese ideal y una ley que se aparta de él, tendiendo a proponerse como puro acto de la mayoría, no se debe dudar en preferir la primera y conminar a la segunda a una verdadera y propia sanción de invalidez a través del pronunciamiento del tribunal constitucional. Así ha sintetizado el mismo Kelsen de manera eficaz esta posición:

> Si la esencia de la democracia reside no ya en la omnipotencia de la mayoría, sino en el constante compromiso entre los grupos que la mayoría y la minoría representan en el parlamento, y así en la paz social, la justicia constitucional parece instrumento idóneo para realizar esta idea[155].

Lo que equivale a decir, en el contexto de la argumentación kelseniana, que la justicia constitucional, al declarar inválidas las leyes contrarias a la constitución —y en particular al esencial principio del pluralismo político y social—, no hace más que realizar el ideal democrático restableciendo la integridad de ese principio, reportando la situación a la ideal condición de equilibrio, tutelando los derechos de las minorías y rechazando el intento de utilizar la ley para afirmar el dominio de la mayoría.

Con esto aparecen con toda evidencia los motivos que condujeron a Kelsen a enfrentarse frontalmente, en su inmediato presente histórico, a una propuesta como la de Carl Schmitt que individuaba, como ya sabemos[156], en el presidente elegido por el pueblo —en el contexto de la Constitución de Weimar— al verdadero *defensor*

---

garantía jurisdiccional de la constitución (la justicia constitucional)», en Íd., *Escritos sobre la democracia y el socialismo*, Madrid, 1988, pp. 109-155.
155. H. Kelsen, *La garanzia giurisdizionale*, cit., p. 202.
156. Véase *supra* la nota 147.

de la constitución capaz de representar la unidad del pueblo alemán más allá de la ineficaz mediación parlamentaria. Para Kelsen[157], si esa mediación ya no funcionaba era necesario restablecer las condiciones para su ejercicio, desarrollando entre los partidos presentes en el parlamento la práctica democrática del compromiso orientado a la pacífica solución de los conflictos. Y si eso no era posible, se debía tomar conciencia, con franqueza, con todas sus consecuencias, de la imposibilidad en la Alemania de entonces de una constitución democrática. Lo que no se podía hacer, por el contrario, era imaginar *otra constitución* pretendiendo que fuese democrática, en cuanto representativa de la presunta unidad del pueblo alemán a través del presidente. Para Kelsen, cuando fallaba la mediación parlamentaria fallaba la democracia misma. En pocas palabras, no existía ya ninguna constitución democrática. Lo que venía después podía ser quizás otra constitución, pero sin esa esencial mediación sería una constitución de otro género, sin duda no una constitución democrática.

Pero las de Schmitt y Kelsen no eran sólo dos interpretaciones distintas y opuestas de la Constitución de Weimar. A partir de ese caso histórico concreto esas dos interpretaciones se propusieron también, y quizás sobre todo, como dos verdaderas y auténticas concepciones alternativas de las *constituciones democráticas del siglo xx*. Para la primera, la de Carl Schmitt, es imprescindible la referencia al poder constituyente: la constitución es democrática porque ha sido querida por el pueblo soberano, que en ella aparece como unidad política capaz de decidir sobre su propio futuro. Desde ese momento en adelante, la vida de la constitución democrática se desarrolla en aras de su *actuación*, en aras de la necesaria solidaridad entre los poderes constituidos y entre las fuerzas sociales y políticas en el proceso de realización de sus contenidos normativos. Por este motivo el principal adversario de la constitución democrática es el gran proceso histórico, evidente a lo largo del siglo xx, de articulación de la sociedad civil y política en sentido pluralista, que en esta línea se ve como algo que continuamente corroe y pone en discusión la unidad del pueblo soberano representada en la constitución.

Por el contrario, en la línea de Kelsen la constitución es democrática porque rechaza toda «unidad» preconstituida y porque per-

---

157. Que se contrapone a Schmitt sobre este punto en su célebre escrito dedicado precisamente al guardián de la constitución: H. Kelsen, *Wer soll der Hüter der Verfassung sein?* (1930-1931); trad. cast. *¿Quién debe ser el defensor de la constitución?*, Madrid, 1995.

mite desplegar completamente el mismo pluralismo, con los partidos en el parlamento y con el ejercicio de la justicia constitucional —vista como mecanismo de garantía dirigido contra todo intento de romper el equilibrio entre las fuerzas políticas y sociales, de reducir la ley a la pura voluntad de la mayoría—. Por eso, la constitución democrática de Kelsen rechaza el poder constituyente del pueblo soberano. En la misma idea de una constitución hecha por un «poder» está contenido el peligro de que esa constitución pueda tener un «dueño», alguien que en nombre de ese «poder», es decir, del mismo pueblo soberano, pueda pretender ocupar todo el espacio de la constitución y así imponerse, esencialmente como mayoría política, a todas la fuerzas operantes en la sociedad y en las instituciones.

En conclusión, hay que preguntarse cuál de estas concepciones generales de la constitución democrática ha prevalecido en la génesis y en el desarrollo de las experiencias constitucionales de la segunda mitad del siglo XX, como la italiana iniciada con la Constitución de 1948, la francesa inaugurada con la Constitución de 1946 o la alemana que tuvo su comienzo con la Ley Fundamental, la *Grundgesetz* de 1949[158]. En efecto, precisamente estas tres constituciones, unidas a la siguiente francesa de 1958 de la Quinta República y a la española posfranquista de 1978, representan —dentro de su evidente diversidad— la fase ulterior y más desarrollada de la experiencia constitucional democrática europea del siglo XX.

Obviamente las historias nacionales han influido bastante. Baste pensar en el hecho de que la *Grundgesetz* alemana, en un país derrotado y militarmente ocupado, no fue aprobada por ninguna Asamblea Constituyente, como sí sucedió en Italia y en Francia. O baste pensar en la dificultad que existió en Francia, en el país que más ha exaltado el papel del legislador y de los representantes de la nación o del pueblo soberano, para admitir la necesidad del control de constitucionalidad que, por el contrario, casi de inmediato asumió un papel central en Italia y en Alemania, y que en Francia se afirmó, y no por casualidad, sólo más tarde, a partir de los últimos años setenta y de una manera completamente particular. Pero también es verdad, por otro lado, que todas estas experiencias políticas y constitucionales han terminado en su desarrollo concreto por

---

158. La bibliografía sobre ello es obviamente amplísima. Para simplificar, nos referimos a los siguientes y recientes volúmenes: *La Costituzione italiana*, ed. de M. Fioravanti y S. Guerrieri, Roma, 1999; G. Gozzi, *Democrazia e diritti*, cit., pp. 119 ss.; S. Guerrieri, *Due Costituenti e tre referendum. La nascita della Quarta Repubblica francese*, Milano, 1998.

asemejarse —o al menos por acercarse— de tal modo que presentan trazos cada vez más comunes, de manera que hacen posible y quizás necesaria la pregunta que antes hemos hecho sobre *el tipo de democracia* que se ha desarrollado en la Europa de la segunda mitad del siglo XX sobre la base de las constituciones nacidas a partir de la última posguerra mundial.

Lo que debe decirse inmediatamente es que estas constituciones, sin duda y en muchos aspectos, han recibido la enseñanza de las doctrinas de la constitución democrática para nosotros ya conocida. Del filón de esas doctrinas de carácter más radical, reelaboradas por Carl Schmitt, han tomado la idea de que la constitución es democrática porque es querida por el poder constituyente del pueblo soberano, que marca de tal modo una fuerte discontinuidad con el anterior régimen político, como sucede de modo particular y de manera ejemplar en Italia en 1947. Del filón representado por Kelsen esas mismas constituciones han tomado la gran idea del pluralismo social y político, según el cual la constitución es democrática sobre todo porque no permite a nadie ocupar la totalidad del espacio de acción dentro del cual se mueven las fuerzas sociales y políticas, porque empuja a estas mismas fuerzas al dialogo, al compromiso, al recíproco y pacífico reconocimiento.

Sin embargo, estas constituciones de la segunda mitad del siglo XX han terminado, en su desarrollo concreto, por representar una forma nueva e inédita en la que las doctrinas recibidas de la constitución democrática han sido ciertamente utilizadas pero casi totalmente superadas con posterioridad. Así sucede, en primer lugar, con la idea —verdaderamente capital en la historia de la constitución democrática— del poder constituyente. Ese poder ciertamente se reafirma a lo largo del siglo XX, a partir de la Constitución de Weimar de 1919, pero con un significado que se aleja cada vez más del revolucionario francés de la manifestación de soberanía del pueblo o de la nación. Leamos con este propósito, a modo de ejemplo, una sentencia del Tribunal Constitucional español:

> [...] la distinción entre poder constituyente y poderes constituidos no opera sólo en el momento en el que se establece la Constitución; la voluntad y la racionalidad del poder constituyente objetivizadas en la Constitución no sólo fundan la Constitución en su origen, sino que fundan permanentemente el orden jurídico estatal y presuponen un límite a la potestad del legislador[159].

---

159. STC 76/1983, de 5 de agosto, fundamento jurídico 4.º, citada en F. Tomás y Valiente, *Constitución: escritos de introducción histórica*, Madrid, 1996, p. 38, ahora también en Íd., *Obras completas* III, Madrid, 1997, pp. 2485-2646.

Así, con un significado en realidad bastante cercano al prevaleciente en el curso de la Revolución americana[160], también en Europa el poder constituyente termina por perder su tradicional agresividad frente a la constitución vigente, apartándose cada vez más del concepto europeo-continental de soberanía y por el contrario uniéndose cada vez más al concepto de *legalidad constitucional*, de una legalidad superior a la ordinaria, que puede así limitar la potestad del mismo legislador.

Pero algo parecido podemos decir de la otra vertiente de las doctrinas de la constitución democrática, en la que encontramos el bien conocido modelo kelseniano. No existe ninguna duda de que este modelo, con su inspiración en sentido pluralista, haya influido en profundidad en nuestras constituciones que se han proclamado democráticas también, y quizás, sobre todo, porque están dirigidas a realizar en el parlamento la necesaria mediación entre las distintas fuerzas políticas y entre los distintos intereses sociales. Sin embargo, tampoco ese modelo podía ser integralmente adoptado, sobre todo por su inclinación a unir democracia y *relativismo* y a considerar, así, como buena, toda solución legislativa asumida respetando las reglas general del compromiso, del recíproco reconocimiento pacífico entre las fuerzas sociales y políticas, del respeto de las minorías. En el fondo, la democracia kelseniana, aunque corregida por la introducción del control de constitucionalidad, continuaba bajo este perfil siendo una *democracia legislativa o parlamentaria*. Y, por el contrario, sobre todo en el caso de Italia y de Alemania, fue muy fuerte la tendencia, con las nuevas Cartas constitucionales, a concebir la constitución como el lugar en el que se enunciaban los principios fundamentales y las grandes decisiones que caracterizan el tipo de democracia que se intentaba construir, colocando los unos y las otras, en su objetividad, en una zona anterior a la asociación política y a su ley positiva, casi reproduciendo el modelo iusnaturalista que el mismo Kelsen siempre había rechazado coherentemente.

En pocas palabras, los regímenes políticos europeos de la segunda mitad del siglo XX intentaban ser, también bajo este perfil, *democracias constitucionales*, es decir, democracias dotadas de una precisa identidad por estar dotadas de una constitución en la que se encuentran expresados los principios fundamentales que caracterizaban al mismo régimen político. La legalidad que estas democracias expresan, que es la constitucional, ya no permite una subversión integral de la constitución en nombre del poder constituyente

---

160. Véase el tercer epígrafe de este capítulo.

del pueblo soberano como en el modelo radical de ascendencia rousseauniana, pero tampoco una negociación incesante, sin fin y sin dirección determinada, entre las fuerzas sociales y políticas considerada legítima sólo porque se desarrolla según las reglas parlamentarias del pluralismo social y político, como en el modelo kelseniano.

La legalidad constitucional de la que hablamos se emancipa, finalmente, del dominio del poder constituyente soberano, pero no por esto renuncia a dotar de significado y de grandes objetivos de fondo a la concreta vía de las democracias contemporáneas. Esa legalidad opone al mito democrático revolucionario del poder constituyente los valores de la estabilidad, del equilibrio, del límite con la finalidad de garantizar los mismos derechos de los ciudadanos, pero no por ello pierde del todo su carácter directivo fundamental para el futuro, y no por esto se reduce a mera obra de registro del resultado del libre desarrollo de la negociación entre las fuerzas políticas y entre los intereses sociales. No por casualidad estas mismas constituciones democráticas, aunque de distinta manera y en distinta medida, asumen el principio de igualdad como central, no sólo en clave de prohibición de la discriminación entre aquellos que las mismas constituciones consideran iguales sino también como indicador normativo de dirección para el futuro, para la promoción y la realización de condiciones de creciente igualdad entre los ciudadanos en el acceso a algunos bienes sociales tenidos como de primera magnitud, como el trabajo o la instrucción.

En fin, en un plano histórico aún más amplio, estas mismas constituciones representan el intento de recomponer *la gran fractura entre democracia y constitucionalismo*. Sobre esta base hemos tenido —en la segunda mitad del siglo XX— constituciones nacidas del ejercicio del poder constituyente por parte del pueblo soberano, fundadas sobre el principio de la soberanía popular, pero al mismo tiempo decididamente orientadas a situarse por encima de los legisladores, de aquéllos que puedan decirse intérpretes y representantes, sobre la base del principio de mayoría, de la voluntad del pueblo soberano. Es ésta una forma constitucional, como se aprecia con claridad, absolutamente incomprensible a la luz de la tradición moderna que siempre había obligado a todos a situarse *de una parte o de otra*: con el pueblo soberano, y así contra la misma idea de una ley fundamental vinculante para el futuro, o con la constitución como límite, como ideal de estabilidad y de equilibrio, y así contra la desmedida y amenazante idea del pueblo soberano.

En la fórmula contemporánea de la *democracia constitucional* parece estar contenida la aspiración a un *justo equilibrio* entre el principio democrático, dotado de valor constitucional a través de las instituciones de la democracia política y el mismo papel del legislador y del gobierno, y la idea —ínsita en toda la tradición constitucionalista— de los *límites de la política* a fijar mediante la fuerza normativa de la constitución y, en particular, a través del control de constitucionalidad siempre más determinante en el ámbito de las democracias modernas.

Este mismo equilibrio, precisamente por haber sido alcanzado en tiempos recientísimos y porque, en suma, carece de una larga tradición a la que referirse, es sin embargo inevitablemente inestable y está sometido a tensiones de distinto género. La primera de ellas, la única que puede ser mencionada aquí como conclusión, afecta a la relación entre los sujetos protagonistas de este equilibrio: los sujetos de la política democrática, el parlamento, los gobiernos y los partidos, por una parte, y los sujetos de la garantía jurisdiccional, los jueces y en particular los Tribunales constitucionales, por otra. El mantenimiento y la progresiva consolidación del equilibrio presupone que los unos no adviertan la tentación de invadir el campo de los otros, y viceversa. No siempre es así en la vida real de nuestras democracias constitucionales, en las que todavía es recurrente la intolerancia de la política frente a los vínculos y los límites de orden constitucional; pero también, por otra parte, con frecuencia a causa de las faltas y de las inobservancias de la misma política, existe una difusa tendencia a extender de manera considerable el papel de los jueces y, en particular, el control de constitucionalidad[161].

Desde nuestro punto de vista es suficiente saber que las constituciones que tenemos presuponen este tipo de equilibrio que las caracteriza, desde el punto de vista histórico, como formas específicas y definidas de constitución, distintas de las constituciones revolucionarias fundadas sobre el poder constituyente del pueblo soberano, pero también de las constituciones estatales y parlamentarias del siglo XIX. Si ese equilibrio se rompiera, con él caería también el tipo histórico de constitución que se ha afirmado en la segunda mitad del siglo XX. El nuevo siglo buscaría entonces una nueva forma constitucional, como otras muchas veces ha sucedido a lo largo de la historia.

---

161. Véanse a este propósito las consideraciones de P. P. Portinaro, «Dal custode della costituzione alla costituzione dei custodi», en G. Gozzi (ed.), *Democrazia, diritti, costituzione. I fondamenti costituzionali delle democrazie contemporanee*, Bologna, 1997, pp. 401 ss.

BIBLIOGRAFÍA

Ball, T. y Pocock, J. G. A. (eds.), *Conceptual Change and the Constitution*, Lawrence, 1988.
Barbera, A. (ed.), *Le basi filosofiche del costituzionalismo*, Roma-Bari, 1997.
Bastid, P., *L'idée de constitution*, Paris, 1985.
Beaud, O., «Constitution et constitutionnalisme», en P. Raynaud y S. Rials (eds.), *Dictionnaire de Philosophie politique*, Paris, 1996, pp. 116 ss.
Bobbio, N., *Lezioni sulle forme di governo*, Torino, 1976; trad. cast. *La teoría de las formas de gobierno en la historia del pensamiento político: año académico 1975-1976*, México, 1987.
Brunner, O., «Moderner Verfassungsbegriff und mittelalterliche Verfassungsgeschichte», en H. Kämpf (ed.), *Herrschaft und Staat im Mittelalter*, Darmstadt, 1956.
Dogliani, M., *Introduzione al diritto costituzionale*, Bologna, 1994.
Fioravanti, M., *Stato e Costituzione. Materiali per una storia delle dottrine costituzionali*, Torino, 1993.
Fioravanti, M., *Appunti di storia delle costituzioni moderne I. Le libertà fondamentali*, Torino, 1995; trad. cast. *Los derechos fundamentales. Apuntes de historia de las constituciones*, Trotta, Madrid, ³2000.
Grimm, D., *Die Zukunft der Verfassung*, Frankfurt a. M., 1991.
Grimm, D. y Mohnhaupt, H., *Verfassung. Zur Geschichte des Begriffs von der Antike bis zur Gegenwart*, Berlin, 1995.
Matteucci, N., «Costituzionalismo», en N. Bobbio, N. Matteucci y G. Pasquino (eds.), *Dizionario di politica*, Torino, 1983; trad. cast. *Diccionario de política*, 2 vols., México, 1998.
Matteucci, N., *Organizzazione del potere e libertà. Storia del costituzionalismo moderno*, Torino, 1988; trad. cast. *Organización del poder y libertad. Historia del constitucionalismo moderno*, Trotta, Madrid, 1998.

McIlwain, C. H., *Constitutionalism: Ancient and Modern*, New York, 1947; trad. cast. *Constitucionalismo antiguo y moderno*, Madrid, 1991.

Sartori, G., *Costituzione* (1962), en Íd., *Elementi di teoria politica*, Bologna, 1987, pp. 11 ss.

Stourzh, G., *Wege zur Grundrechtsdemokratie. Studien zur Begriffs-und Institutionengeschichte des liberalen Verfassungsstaates*, Wien-Köln, 1989.

Vile, M. J. C., *Constitutionalism and the Separation of Powers*, Oxford, 1967.

Zagrebelsky, G., *Società-Stato-Costituzione. Lezioni di dottrina dello Stato*, Torino, 1988.

ÍNDICE ONOMÁSTICO

Aalders, G. J. D.: 27
Abbattista, G.: 95
Adamo, P.: 70
Adams, J.: 106
Alston, L.: 65
Althusius, J.: 62-63, 67
Ampolo, C.: 18
Añastro Isunza, G. de: 72
Aquarone, A.: 104
Aristóteles: 15, 18, 19, 22-27, 39, 43, 45
Armitage, D.: 87, 95
Ashcraft, R.: 91
Ayala, F.: 151

Bailyn, B.: 105
Baker, K. M.: 112, 114
Ball, T.: 66, 165
Ballini, P. L.: 145
Barbera, A.: 165
Barberis, M.: 127
Bastid, P.: 165
Bastit, M.: 41
Battista, A. M.: 116
Beaud, O.: 165
Beauté, J.: 67
Bengtson, H.: 15, 23
Bentham, J.: 101-102, 144
Berkowitz, D. S.: 67
Berman, H. J.: 39
Bertelli, L.: 16
Bertelli, S.: 88

Bien, G.: 19
Bismarck, O. von: 139
Black, A.: 39
Blackstone, W.: 98-99, 101, 102, 145, 146
Blythe, J. M.: 43, 64, 88
Bobbio, N.: 17, 77, 165
Bock, G.: 88
Bodino, J.: 57, 72-77, 79, 82
Bolingbroke, H.: 95-96, 99
Bonald, L. G. A.: 134
Bongiovanni, G.: 154
Bordes, J.: 18
Boyd, J.: 105
Bracton, H.: 48-50, 64
Brandt, H.: 138
Bravo Gala, P.: 72
Brunner, O.: 165
Brutus, S. J. (seudónimo): 60
Burgess, G.: 64
Burke, E.: 101, 120-123, 131, 133
Burns, J. H.: 64, 102
Buttà, G.: 109

Cafagna, E.: 134
Camassa, G.: 18
Capozzi, E.: 87, 95
Carlyle, A. J.: 51
Carlyle, R. W.: 51
Carpenter, W. S.: 91
Carré de Malberg, R.: 144
Carsana, C.: 28

Cassese, S.: 145
Cavarero, A.: 30
Cerroni, U.: 127
Cesa, C.: 134
Chignola, S.: 134
Chrimes, S. B.: 64
Church, W. F.: 58
Cicerón: 17, 21, 24, 27-30, 89
Clístenes: 17, 24
Coke, E.: 67, 68
Colombo, P.: 112
Compagna, L.: 120
Constant, B.: 126-129, 130, 131, 133, 142
Conze, W.: 18
Cromwell, O.: 70

D'Avack, L.: 64, 87
Demandt, A.: 18
Dicey, A. V.: 145, 146, 147
Diderot, D.: 100
Doe, N.: 64
Dogliani, M.: 18, 33, 145, 165
Dolcini, C.: 52
Dunn, J.: 91
Duso, G.: 62, 127

Emerson, J.: 23

Ferrary, J. L.: 28
Finer, S. E.: 17
Finley, M. I.: 23
Fioravanti, M.: 9, 103, 114, 139, 143, 154, 160, 165
Firpo, L.: 18, 44
Fisichella, D.: 133
Fontana, B.: 108, 127
Fortescue, J.: 64-65
Franklin, J. H.: 58, 72, 91
Fried, J.: 39
Friedrich, M.: 139
Fritz, K. von: 27
Fukuda, A.: 87
Furet, F.: 112, 115, 120

Gaeta, F.: 88
Galli, C.: 151
Gastaldi, S.: 18
Giarrizzo, G.: 87
Giesey, R. E.: 58
Giorgini, G.: 24

Gonze, W.: 18
Gough, J. W.: 64, 67, 69
Goyard-Fabre, S.: 72
Gozzi, G.: 112, 149, 154, 160, 164
Grange, H.: 127
Grimm, D.: 138, 140, 165
Grossi, P.: 35, 41
Grziwotz, H.: 30
Guerrieri, S.: 160
Gusy, C.: 149

Halévi, R.: 115
Hamilton, A.: 107-110
Harpham, E. J.: 91
Harrington, J.: 87-88, 89
Hart, H. L. A.: 102
Hegel, G. W. F.: 134-138
Hellegouarc'h, J.: 28
Hermosa, A.: 85
Himy, A.: 87
Hobbes, Th.: 72, 77-82, 84, 85, 86, 88, 91, 113, 140, 141
Holmes, S.: 111
Holt, J. C.: 47
Höpfl, H.: 58
Hotman, F.: 58-59
Huber, E. R.: 139
Hunton, Ph.: 69

Ingravalle, F.: 23
Isnardi Parente, M.: 20, 72

Jacobo I: 165
Jardin, A.: 129
Jaume, L.: 127
Jay, J.: 107, 108, 110
Jefferson, Th.: 105, 111
Jellinek, G.: 140-142
Juan de Salisbury: 39-41, 59
Juan sin Tierra: 47

Kämpf, H.: 165
Kant, I.: 123-126, 127, 128, 131, 133, 142
Kantorowicz, E. H.: 47
Kelsen, H.: 154-160, 162, 163
Kenyon, J. P.: 66
Kern, F.: 35
Kley, D. van: 114
Koselleck, R.: 18

Ladero, M. Á.: 39

ÍNDICE ONOMÁSTICO

Lanchester, F.: 149
Landi, L.: 97
Langford, P.: 101, 120
Lemaire, A.: 58
Lepore, E.: 27, 29
Lloyd, H. A.: 57
Locke, J.: 91-95, 96, 97, 98, 99, 104
Lockwood, S.: 64
López, P.: 91
Losurdo, D.: 134

Madison, J.: 107-108, 110, 111
Mager, W.: 28
Magri, T.: 77, 110
Maier, H.: 18
Maistre, J. de: 133
Manca, A. G.: 139
Manin, B.: 108
Maquiavelo, N.: 88-90
Marini, G.: 136
Marshall, J.: 109
Marsilio de Padua: 52-55, 59
Martín Valbuena, J.: 9
Martínez, A.: 88
Matteucci, N.: 57, 65, 95, 129, 165
McIlwain, C. H.: 30, 49, 69, 75, 165
Meier, C.: 18
Mélonio, F.: 132
Mellizo, C.: 77, 78, 80, 81
Merkl, A. J.: 154
Merlo, G. G.: 34
Mill, J. S.: 144-145
Milton, J.: 87
Mioni, F.: 106
Mitchell, L. G.: 120
Mohnhaupt, H.: 138, 140
Montesquieu, Ch. de Secondat: 97-98, 108, 123
Mora, A.: 9
Morabito, M.: 118
Morgan, E. S.: 104, 105
Murray, O.: 16, 17, 20, 23
Musti, D.: 18, 25

Negri, G.: 104
Negro Pavón, D.: 134
Neville, H.: 87
Neville, W. E.: 90
Nippel, W.: 27, 65, 96, 107

Ober, J.: 18
Orlando, V. E.: 142-143

Otis, J.: 104-105
Ozouf, M.: 112, 120

Pacchi, A.: 77
Paine, Th.: 110, 111
Pani, M.: 28, 29
Pantoja Morán, D.: 113, 118
Paradisi, B.: 44
Pasquino, P.: 112, 165
Peltonen, M.: 88
Pennington, K.: 39
Pericles: 24
Platón: 15, 18, 20-22, 25
Pocock, J. G. A.: 64, 66, 87, 88, 165
Polibio: 25, 26, 27, 89
Porras, A.: 100
Portinaro, P. P.: 164
Predieri, A.: 151
Preterossi, G.: 151
Prodi, P.: 50

Quaglioni, D.: 72

Rahe, P. A.: 107
Raynaud, P.: 165
Redor, M. J.: 143
Reid, J. P.: 105
Reimann, H. L.: 18
Rials, S.: 165
Robespierre, M. F. I. de: 116-117
Romanelli, R.: 143
Rosanvallon, P.: 127, 132
Roulin, A.: 127
Rousseau, J.-J.: 82-85, 86, 94, 100, 102, 117, 123, 140, 141, 142, 148, 153, 155, 156
Rubinstein, N.: 64
Rudelle, O.: 143
Russel, C.: 64

Salmon, J. H.: 58
Santos, F.: 110
Sartori, G.: 166
Scattola, M.: 62
Scelba, C.: 104
Schiavone, A.: 28
Schiavone, G.: 18
Schiera, P.: 154
Schmale, W.: 112
Schmitt, C.: 151-153, 154, 158, 159, 161
Schnur, R.: 58, 141

Schwoerer, L. G.: 90
Settis, S.: 16
Sidney, A.: 87
Sieyès, E.-J.: 111-113, 116, 118, 119
Simmons, A. J.: 91
Skinner, Q.: 58, 87, 88
Smith, Th.: 65
Solón: 23
Sommerville, J. P.: 77
Soriano, R.: 100
Stolleis, M.: 62, 138, 139
Stoner, J. R. jr.: 67, 108
Stourzh, G.: 66, 166
Struve, T.: 39
Suárez, M. Á.: 9
Suerbaum, W.: 28

Tabacco, G.: 34
Tenenti, A.: 57
Testoni Binetti, S.: 60
Thorne, S. E.: 67
Tocqueville, A. de: 129-132
Tomás y Valiente, F.: 161
Tomás de Aquino: 41-45, 46, 56, 59, 61
Troisi Spagnoli, G.: 113

Ullmann, W.: 33

Valensise, M.: 112
Varela Suanzes, J.: 90, 101
Vasoli, C.: 52
Vattel, E. de: 112
Verdross, A.: 154
Viano, C. A.: 19, 23, 91
Vidal-Naquet, P.: 23
Vierhaus, R.: 66
Vile, M. J. C.: 90, 166
Villaverde, M.ª J.: 82
Vilori, M.: 88
Violante, C.: 39
Viroli, M.: 88

Webb, C. C. I.: 39
Webking, R. H.: 105
Welwei, K. W.: 18
Wilks, M.: 39
Winkler, H. A.: 149
Wirszubski, C.: 28
Withelocke, J.: 66-68
Woodbine, G. E.: 49
Woodhouse, A. J. P.: 70
Wokler, R.: 82
Wright, J. K.: 114
Wyduckel, D.: 39

Zagrebelsky, G.: 166
Zecchini, G.: 28

OTROS TÍTULOS

Maurizio Fioravanti
*Los derechos fundamentales.
Apuntes de teoría de las constituciones
El Estado moderno en Europa*

Carlos de Cabo Martín
Dialéctica del sujeto, dialéctica de la Constitución

Miguel Carbonell y Leonardo García Jaramillo (eds.)
El canon neoconstitucional

Alfonso García Figueroa
Criaturas de la moralidad. Una aproximación neoconstitucionalista al Derecho a través de los derechos

Riccardo Guastini
Teoría e ideología de la interpretación constitucional

Alexis de Tocqueville
La democracia en América

Carl Schmitt
Teología política

Elías Díaz
*De la Institución a la Constitución.
Política y cultura en la España del siglo XX*

Ignacio Sotelo
*El Estado social.
Antecedentes, origen, desarrollo y declive*

Luis Prieto Sanchís
Justicia constitucional y derechos fundamentales

Francisco J. Laporta
El imperio de la ley.
Una visión actual

Alejandro Nieto
El malestar de los jueces y el modelo judicial
Crítica de la Razón Jurídica

Luigi Ferrajoli
Derecho y razón.
Teoría del garantismo penal
Democracia y garantismo

Fabio Ciaramelli
Instituciones y normas.
Sociedad global y filosofía del derecho

Stefano Rodotà
La vida y las reglas.
Entre el derecho y el no derecho

Adela Cortina
Justicia cordial

Juan-Ramón Capella (ed.)
Las sombras del sistema constitucional español

Miguel Carbonell (ed.)
Neoconstitucionalismo(s)
Teoría del neoconstitucionalismo.
Ensayos escogidos

Bartolomé Clavero
El Orden de los poderes.
Historias Constituyentes de la Trinidad Constitucional
Happy constitution.
Cultura y lengua constitucionales

Pedro Cruz Villalón
La Constitución inédita.
Estudios sobre la constitucionalización de Europa

Dieter Grimm
Constitucionalismo y derechos fundamentales

Erhard Denninger y Dieter Grimm
Derecho constitucional para la sociedad multicultural

Nicola Matteucci
Organización del poder y libertad.
Historia del constitucionalismo moderno

Ernesto Garzón Valdés y Francisco J. Laporta (eds.)
El derecho y la justicia